LA
BIBLIOTHÈQUE DU ROI
AU DÉBUT
DU RÈGNE DE LOUIS XV
(1718-1736)

JOURNAL DE L'ABBÉ JOURDAIN

SECRÉTAIRE DE LA BIBLIOTHÈQUE

PUBLIÉ PAR

H. OMONT

PARIS
1893

LA BIBLIOTHÈQUE DU ROI

AU DÉBUT

DU RÈGNE DE LOUIS XV

Extrait des *Mémoires de la Société de l'Histoire de Paris et de l'Ile-de-France*, t. XX (1893), p. 207-294.

LA

BIBLIOTHÈQUE DU ROI

AU DÉBUT

DU RÈGNE DE LOUIS XV

(1718-1736)

JOURNAL DE L'ABBÉ JOURDAIN

SECRÉTAIRE DE LA BIBLIOTHÈQUE

PUBLIÉ PAR

H. OMONT

PARIS
1893

LA BIBLIOTHÈQUE DU ROI

AU DÉBUT DU RÈGNE DE LOUIS XV.

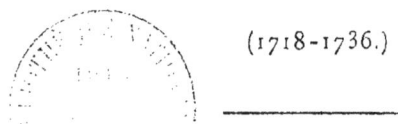

(1718-1736.)

L'abbé Jean-Paul Bignon, fils et petit-fils de bibliothécaires du roi, succéda, vers la fin de l'année 1718, à l'abbé de Louvois dans cette charge qu'avaient illustrée ses ancêtres et que devaient encore occuper après lui trois autres membres de sa famille[1]. Quelques années après son entrée en fonctions, Bignon prit auprès de lui, en qualité de secrétaire, l'abbé Jourdain, à qui l'on doit le *Mémoire historique sur la Bibliothèque du Roy*, rédigé d'après les *Mémoires* de Jean Boivin[2], et publié en tête du premier volume du *Catalogue des livres imprimez de la Bibliothèque du Roy*, en 1739. L'abbé Jourdain avait sans doute été désigné au choix de Bignon par la mission, dont il s'était précédemment acquitté, à Bâle, pendant les années 1717-1719, pour surveiller la copie authentique, faite à grands frais, des actes originaux du concile de Bâle, « d'une si grande conséquence pour les libertés de l'Église gallicane, » et que l'abbé Bignon ne craignait pas de proclamer, certainement avec un peu d'emphase, « le Palladium de la France[3]. »

Aussitôt entré en fonctions, l'abbé Jourdain tint un véritable *Journal* de l'administration de la Bibliothèque. Il consigna jour par jour, sur un cahier qui nous a été conservé[4], la mention de tous les

---

1. Jérôme I Bignon, maître de la librairie (1642-1651); Jérôme II Bignon (1651-1672); et Jérôme III Bignon (1672-1684). — Bignon de Blanzy, bibliothécaire du Roi (1741-1743); Armand-Jérôme Bignon (1743-1772); et Jean-Frédéric-Guillaume Bignon (1772-1783).
2. Bibliothèque nationale, ms. franç. nouv. acq. 1328; il y a une copie de ces *Mémoires* classée sous le n° 22571 du fonds français.
3. L. Delisle, *Cabinet des manuscrits*, t. I, p. 371. Cf. plus loin §§ 6 et 16.
4. Ms. français nouv. acq. 6516; cahier in-folio, de 60 feuillets.

événements, petits ou grands, relatifs à l'histoire de la Bibliothèque : acquisitions ou dons de manuscrits, de livres imprimés, d'estampes et de médailles, reconstruction des bâtiments, visites de grands personnages, etc. Ce registre, commencé en 1724, l'année même de l'établissement de la Bibliothèque dans l'hôtel de Nevers, rue de Richelieu, est précédé d'un résumé des premières années de l'administration de Bignon, depuis la fin de l'année 1718 ; il s'arrête à l'année 1736, cinq ans avant la retraite de Bignon, qui devait abandonner en 1741 à son neveu, Bignon de Blanzy, la charge de bibliothécaire du roi[1].

Il est inutile et il serait difficile d'analyser ce *Journal*, qui permet de suivre pas à pas pendant une douzaine d'années et d'étudier dans ses moindres détails le développement des collections et l'administration de la Bibliothèque. Un index alphabétique des noms et des principales matières, dont on l'a fait suivre, groupera les renseignements si divers, épars à leur ordre chronologique, qu'il fournit pour l'histoire de la Bibliothèque du Roi au début du règne de Louis XV.

Registre
des augmentations ou acquisitions, autres que des livres de privilège, faites pour la Bibliothèque du Roy et le Cabinet des Médailles et Antiques de Sa Majesté, depuis le mois de juillet 1724 jusqu'à la fin de 1735, y ayant un registre à part pour lesdits livres de privilège.

OBSERVATION PRÉLIMINAIRE.

1. Quoique ce *Registre* ne doive proprement commencer qu'au mois de juillet 1724, temps auquel le s^r Jourdain, qui est chargé de le tenir, a été attaché à la Bibliothèque du Roy en qualité de secrétaire, on croit cependant ne pouvoir se dispenser de rappeler icy deux sortes d'acquisitions faites depuis la nomination de M. l'abbé Bignon à la charge de bibliothécaire du Roy, après la mort de M. l'abbé de Louvois[2], arrivée le 5 novembre 1718. De

---

1. **Avec** ce Registre de l'abbé Jourdain, tous les éléments d'une histoire de l'administration de la Bibliothèque sous l'abbé Bignon se trouvent réunis dans les manuscrits 22225 à 22235 de la Bibliothèque nationale, qui contiennent les lettres reçues par Bignon et les registres des minutes de ses réponses, la plupart de la main de son secrétaire.

2. Camille Le Tellier de Louvois, fils du ministre, avait été, à l'âge de

ces acquisitions, les unes ont été comprises dans l'inventaire des livres de la Bibliothèque de Sa Majesté, commencé, à la requeste de M. l'abbé Bignon, le 18 octobre 1719 et fini le 31 décembre 1720; telles sont :

1º Les portefeuilles, livres imprimés et manuscrits légués à la Bibliothèque par feu M. l'abbé de Louvois, dont l'inventaire ou catalogue, consistant en 46 pages in-folio[1], et paraphé par les commissaires nommés pour faire ledit inventaire, doit être entre les mains de M. l'abbé de Targny.

2º Les manuscrits, chartes et portefeuilles de feu M. Baluze[2], acquis et remis à la Bibliothèque du Roy le 19 septembre 1719. Ces manuscrits, vendus par la dame Le Maire, légataire universelle de M. Baluze, avoient été estimés à la somme de 20,000 liv. par les RR. PP. Dom Bernard de Montfaucon, Bénédictin, et Lelong, de l'Oratoire; M. le duc d'Orléans, régent, à la sollicitation de M. le Procureur général Joly de Fleury, en a bien voulu donner 30,000 liv., qui ont été payées au Trésor royal sur une ordonnance datée du 20 aoust 1719, cy   30,000 liv.

Il y a un catalogue imprimé de ces manuscrits, lequel, ayant été paraphé, a servi pour le rattachement qui en a été fait lors du susdit inventaire.

3º Les manuscrits de feu M. de la Mare[3], conseiller au parlement de Bourgogne, acquis et remis à la Bibliothèque dans le même temps que les manuscrits de M. Baluze. Le sr Ganeau, libraire de Paris, qui avoit acheté toute la bibliothèque de M. de la Mare après sa mort, avoit fait une distraction de ces manuscrits, au nombre d'environ 618, et les avoit vendus au sr Van Lom, libraire de Hollande. M. le duc d'Orléans, régent, ne voulant pas permettre que ces livres passassent en pays étrangers, ils ont été arrêtés presque dans le temps qu'on les alloit faire partir, et le sr Van Lom a été remboursé de ce qu'il en avoit payé au sr Ganeau par une ordonnance sur le Trésor royal, dattée du 20 aoust 1719, de 3,500 liv., cy   3,500 liv.

Le catalogue de ces manuscrits, paraphé lors de l'inventaire,

---

neuf ans, pourvu des charges de maître de la librairie et de garde de la Bibliothèque du Roi. — Cf. L. Delisle, *Cabinet des manuscrits*, t. I, p. 293 et 358.

1. Bibliothèque nationale, Catalogue 250.
2. L. Delisle, *Cabinet des manuscrits*, t. I, p. 364-367.
3. *Ibid.*, t. I, p. 361-364.

et consistant en 26 feuillets[1], doit être aussi entre les mains de M. l'abbé de Targny.

4° 290 planches gravées, de toutes grandeurs, acquises par le s[r] Le Hay[2] pendant les années 1719 et 1720, non cottées dans le susdit inventaire.

5° 264 volumes d'estampes, provenant du cabinet de l'abbé de Marolles[3], et dont il n'est fait nulle mention dans l'inventaire, quoiqu'acquis avant 1719.

6° 139 portefeuilles de portraits, recueillis par feu M. Clément[4], garde de la Bibliothèque du Roy avant M. l'abbé de Targny, dont il n'est non plus fait aucune mention dans ledit inventaire.

7° Le tombeau de Childéric[5], avec tout ce qui en dépend, lequel n'a pas non plus été inventorié.

8° Quatre coffres, deux grands et deux moindres, remplis de médailles et autres curiosités, non inventoriées.

9° 13 volumes curieusement et magnifiquement reliés, les uns enrichis d'ornements d'argent et de vermeil, et les autres couverts de broderies en or et en argent.

10° Enfin un coffret de bois des Indes avec des ornements d'argent, contenant une lettre du roy de Siam écrite à Louis XIV[6].

2. L'autre sorte d'acquisitions, qui ont précédé le mois de juillet 1724, est celle des livres ou effets, qui, ayant été remis à la Bibliothèque depuis l'inventaire, n'ont pu par conséquent y être compris :

1° Tous les livres chinois donnés par M. l'abbé Bignon à la Bibliothèque du Roy.

2° Les livres chinois acquis de M[rs] des Missions-Étrangères, à condition qu'on leur tiendroit compte de la valeur desdits livres, ou en argent, suivant l'estimation, ou en livres doubles.

3° Sept caisses d'autres livres chinois, arrivées à Paris au mois

---

1. Bibliothèque nationale, Catalogue 199.
2. Garde des estampes.
3. Vicomte H. Delaborde, *le Département des Estampes à la Bibliothèque nationale* (Paris, 1875, in-8°), p. 6 et suiv.
4. *Ibid.*, p. 21 et suiv.
5. Cf. Montfaucon, *Monumens de la monarchie françoise*, t. I, p. 10-15 et pl. 4-5.
6. Voy. *Catalogus codicum mss. Bibliothecæ regiæ* (Paris, 1739, in-fol.), t. I, p. 433, n° ix.

d'aoust 1723, et envoyées en France pour la Bibliothèque du Roy par les directeurs de la Compagnie des Indes à la Chine, sur les ordres exprès de M. le duc d'Orléans, régent, à la sollicitation de M. l'abbé Bignon.

Le catalogue de tous ces livres, qui ont été remis à M. Fourmont, doit avoir été fait par M. Fourmont l'aîné et se trouver entre ses mains[1].

4° Tous les livres et manuscrits qui se sont trouvés dans le Cabinet du Louvre à la mort de M. Dacier et qui ont été transportés à la Bibliothèque, le 19 may 1723, en vertu de l'union faite de la charge de garde du Cabinet du Louvre à celle de bibliothécaire du Roy en la personne de M. l'abbé Bignon. Il y a deux catalogues de ces livres parmi les papiers de la Bibliothèque : l'un du mois de mars 1702, et l'autre fait, après la mort de M. Dacier, par Estienne David et François Josse, libraires de Paris, le 20ᵉ mars 1723[2].

5° Les livres légués au Roy par M. Dacier, et remis dans le même temps à la Bibliothèque par M. de Niert, son exécuteur testamentaire. Il y a aussi un catalogue particulier de ces livres.

6° Onze planches gravées par Le Clerc du nombre de celles qu'on appelle *Petites Conquêtes*, lesquelles avoient été égarées, et dont M. de Clérambault, généalogiste des ordres du Roy, a procuré la restitution à la Bibliothèque en 1720, du temps du sʳ Le Hay, ainsy que six planches de différens portraits, et une septième, qui est la Pyramide des Jésuites, suivant le mémoire fourni par ledit sʳ Clairambault au mois d'aoust 1723.

7° L'acquisition, faite en 1720 au profit de la Bibliothèque, d'une rente sur les tailles de 5,000 liv., réduite depuis à 2,600 liv., au principal de 258,610 liv., provenant : 1° de la vente faite, de l'ordre par écrit de M. le duc d'Orléans, régent, de 57 marcs, 1 once, 1 gros, de jettons en médailles d'argent, et 1 marc, 6 onces, 1 gros 6, de médailles d'or modernes, pour la somme de 5,754 liv.; et de la vente faite *idem* de plusieurs livres inutiles du Cabinet des Médailles pour la somme de 6,000 liv. Total : 11,754 liv.

2° De la vente faite *idem* d'un grand nombre d'estampes dépareillées et du marché conclu, par raport auxdites estampes, entre

---

1. L. Delisle, *Cabinet des manuscrits*, t. I, p. 368. — Cf. plus loin, §§ 60 et 61.
2. L. Delisle, *Cabinet des manuscrits*, t. I, p. 373.

le s^r Le Hay et le feu s^r abbé de Maroulle pour la somme de 245,856 liv., au profit de la Bibliothèque. Total : 258,610 liv.

ANNÉE 1724.

3. Au mois de may de cette année, ont été expédiées les lettres patentes par lesquelles le Roy affecte à perpétuité au logement de sa Bibliothèque l'hôtel de Nevers, rue de Richelieu, qui avoit servi à la Banque[1] depuis l'année 1718 ; lesdites lettres enregistrées au Parlement le 16 may, et à la Chambre des Comptes le 13e juin suivant. Il est à remarquer que les livres avoient déjà été transportés, dès le mois de septembre 1721, de la rue Vivienne, où ils estoient, et où logeoit M. l'abbé Bignon depuis le 16 octobre 1721, audit hôtel de Nevers, et que ce n'a été qu'avec des peines et des difficultés infinies que M. l'abbé Bignon est parvenu enfin à faire déloger les Bureaux et les Commis du *Visa*, qui occupoient la plupart des appartements de cet hôtel[2].

4. Le 15 juillet, M. l'abbé Bignon, qui, pendant et depuis l'inventaire de la Bibliothèque du Roy, avoit reçu plusieurs livres, tant pour la Bibliothèque nommément que pour luy-même, a fait remettre les uns et les autres au s^r Jourdain, secrétaire de ladite Bibliothèque, pour en tenir registre aussi bien que de tout ce qui viendroit dans la suite, tant pour la Bibliothèque que pour le Cabinet des Médailles et Antiques, avant même, s'il étoit possible, que lesdits livres ou effets passassent entre les mains des gardes des différents départements. Lesdites acquisitions différentes des livres de privilège qui se fournissent journellement à la Chambre syndicale des libraires pour la Bibliothèque, et dont ledit sieur Jourdain doit aussi tenir un registre particulier et séparé.

Note des livres destinés nommément pour la Bibliothèque du Roy et y remis audit jour par M. l'abbé Bignon.

MANUSCRITS.

Ancien manuscrit grec des *Évangiles*, in-4º, en parchemin, arrêté en 1723 à Orléans par ordre de M. le garde des sceaux d'Armenon-

---

1. Voy. le *Journal* de Buvat, cité plus loin, § 11.
2. Cf. comte de Laborde, *De l'organisation des bibliothèques dans Paris*, 4e lettre (déc. 1845), p. 84 et suiv., 109 et suiv.

ville, et retiré des mains du s^r Sutie, Anglois, qui l'avoit acheté du prieur de Saint-Taurin d'Évreux, pour la somme de 100 liv.[1]. Cette somme ayant été remboursée audit s^r Sutie par une ordonnance sur le Trésor royal, cy .... 100 liv.

Un roulleau, contenant la *Liturgie de saint Basile*, écrit en grec sur parchemin et donné à M. l'abbé Bignon, le 12 mars 1723, par le s^r Fonseca, premier médecin du grand vizir, de la part du seigneur Chrysantos, patriarche grec de Jérusalem, pour être gardé dans la Bibliothèque du Roy[2]. Ce rouleau est dans un sac de camelot.

IMPRIMÉS.

In-folio.

Hesperidum Norimbergensium, sive de malorum, citreorum, limonum aurantiorumque cultura et usu libri IV. Norimbergæ; en latin.

Continuatio Norimbergensium Hesperidum. Nuremberg; en allemand, 1714.

Ces deux volumes envoyés par M. Volkamer, médecin de Nurenberg, qui y a mis à la tête une inscription latine ou dédicace pour la Bibliothèque du Roy.

Mathiæ Belii de vetere litteratura Hunno-Scytica exercitatio. Lipsiæ, 1718.

Uranies Noricæ basis astronomica, a Jos. Philippo à Wurzelbau. Norimbergæ, 1715.

Caput bonæ spei hodiernum. Nuremberg, 1719; en allemand.

Ces trois ouvrages envoyés pour la Bibliothèque par le s^r Pierre-Conrad Monath, libraire de Nurenberg, qui a mis à la tête de chacun une inscription ou dédicace latine.

Austria princeps, id est de augustissimæ domus Austriacæ juribus, prærogativis illustrioribus. Argentorati, 1721.

Χρυσάντου, τοῦ μακαριωτάτου πατριάρχου τῶν Ἱεροσολύμων, Συνταγμάτιον.

Traduction de Boèce par Planude; manuscrit[3].

Les deux précédents ouvrages envoyés de Constantinople par M. le marquis de Bonnac, ambassadeur du Roy.

In-quarto.

Manuel d'astronomie. Nurenberg, 1718; en allemand.

Leonhardi Christoph. Sturmii architectura militaris. Nurenberg, 1719; en allemand.

---

1. Ms. grec 177. — Voy. un arrêt du Conseil, du 6 août 1723.
2. Ms. grec 408. — Cf. *Journal des savants*, juin 1882, p. 333.
3. Ms. grec 1992, envoyé par le marquis Dusson de Bonnac, ambassadeur de France à Constantinople.

Tous deux envoyés pour la Bibliothèque par le susdit Conrad Monath.

In-octavo.

État ancien et moderne du royaume de Dalmatie. Nurenberg, 1718, 2 voll.; en allemand.

Envoyé par le même Monath, avec une inscription latine à la tête.

Note des livres envoyés à M. l'abbé Bignon par divers sçavans des pays étrangers et dont il fait présent audit jour à la Bibliothèque du Roy.

In-folio.

Wernheri Teschenmacheri ab Elverfeldt Annales Cliviæ, Juliæ, Montium, Marcæ Wetsphalicæ, etc., denuo edi curavit Justus Christoph. Dithmarus, histor. in Academiâ Viadrinâ professor. Francofurti et Lipsiæ, 1721.

Codex diplomaticum quibus Annales Cliviæ, etc., illustrantur. Ibid.

Inscriptio Sigea βουστροφηδὸν *exarata*. Commentario historico, grammatico, critico eam illustravit Edmundus Chishull. Lond., 1721, broch.

Notarum ad inscriptionem Sigeam appendicula. Ibid., broch.

Teiorum diræ mira post Sigeum lapidem raritate et antiquitate monumentum. Ibid., broch.

Johan. Jacobi Scheuchzeri Tigurini, m. d., Herbarium diluvianum. Editio novissima duplo auctior. Lugduni Batavorum, 1723.

In-quarto.

Nubes testium pro moderato et pacifico de rebus theologicis judicio. Dissertatio Joh. Alphonsi Turretini, in ecclesia et academia Genevensi pastoris et professoris. Genevæ, 1719.

Agrostographia, sive graminum, juncorum, cyperorum, cyperoidum iisque affinium historia, auctore Joh. Scheuchzero. Tiguri, 1719.

Traité des playes de tête, par Pierre-Simon Rouhault, chirurgien du roy de Sicile. Turin, 1720.

Julii Pontederæ, in Patavino gymnasio botanices professoris, Anthologia, sive de floris natura libri III. Patavii, 1720.

Petri Magnol novus caracter plantarum, in duo tractatus divisus. Opus posthumum summi laboris ab auctoris filio editum. Monspelii, 1720.

Œuvres diverses de physique et de méchanique, de Mrs C. et P. Perrault. Leide, 1721.

Fundamenta medicinæ theoretico-practicæ, a Georgio-Philippo Nenter. Argentorati, 1721, 2 voll.

Miscellanea Græcorum aliquot scriptorum carmina, cum versione latina. Londini, 1722. L'éditeur de ce livre est M. Maittaire.

Harmonia mensurarum, sive analysis et synthesis per rationum et angulorum mensuras promotæ; accedunt alia opuscula mathematica per Rogerum Coterium. Edidit et auxit Robertus Smith. Cantabrigiæ, 1722.

Lithotomia Duglassiana; en anglois. London, 1723.

Adversaria anatomica Morgagni. Paduæ, 1723.

Observationi anatomico-fisiche di Pietro-Simone Rouhault, chirurgo. In Torino, 1724.

Gazettes de Lisbonne pour les années 1720, 1721, 1722 et 1723.

In-octavo.

Thomæ Sproti chronica, e codice ms. edidit Thomas Hearnius. Oxonii, 1719.

A Collection of curious discours written by eminent antiquaries upon several heads in our english antiquities, by Th. Hearne. Oxford, 1720.

Roberti de Avesbury historia de mirabilibus gestis Eduardi III, e codicibus mss. descripsit edidit que Th. Hearnius. Oxonii, 1720.

Textus Roffensis. Accedunt professionum antiquorum Angliæ episcoporum formulæ, etc., edidit Th. Hearnius. Oxonii, 1720.

The History and Antiquities of Glastonbury, by Tho. Hearne. Oxford, 1722.

Johannis de Fordun, Scoti, chronicon genuinum, una cum ejusdem supplemento ac continuatione, e codd. mss. eruit ediditque Th. Hearnius. Oxonii, 1722, 5 voll.

Robert of Gloucester's Chronicle, transcrib'd and now first publish'd, from a manuscrit in the Harleyan Library, by Th. Hearne. Oxford, 1724, 2 voll.

N. B. Toutes ces éditions cy-dessus in-8º, publiées par M. Hearne, et envoyées en présent à M. l'abbé Bignon par M. le chevalier Hans Sloane[1], sont extrêmement rares et chères, même en Angleterre, parce qu'on n'en a tiré qu'un très petit nombre d'exemplaires.

Cebetis Thebani tabula, opera Th. Johnson. Londini, 1720.

Joh. Frid. Leopold, m. d., relatio epistolica de itinere suo Suecico, anno 1707 facto. Londini, 1720.

Pantheisticon, sive formulæ celebrandæ societatis Socraticæ.

---

1. Le naturaliste anglais Hans Sloane, dont la bibliothèque devait former plus tard le premier noyau du British Museum, entretenait avec l'abbé Bignon une correspondance suivie; on trouvera plusieurs lettres de lui dans le ms. français 22229, fol. 254 et suiv.

The State of physick and of diseases, etc., by Joh. Woodward. London, 1718.

An Essay towards a natural history of the heart and terrestrial bodies, especialy minerals, by Joh. Woodward. Third edition. London, 1723.

Musæum diluvianum, quod possidet Joh. Jacobus Scheuchzer. Tiguri, 1716.

5. Le 17 dudit mois de juillet, on a achevé de transporter à la Bibliothèque du Roy, à Paris, les livres qui estoient restés à la garde du s^r Le Bel, dans le garde-meuble de Versailles, depuis la mort de M. Simon, garde du Cabinet des Médailles et Antiques, arrivée en 1719; ce transport avoit été commencé le 30 may et continué le 27 juin de la présente année 1724. Il y a parmi les papiers de la Bibliothèque un catalogue de ces livres, paraphé par M^{rs} les Commissaires, qui ont fait, en 1723, l'inventaire du Cabinet des Médailles et Antiques du Roy à Versailles.

6. Le 30 aoust, remis pour la Bibliothèque, par le s^r Jourdain, vingt-neuf volumes in-folio, manuscrits et reliés en maroquin, d'ouvrages et de pièces concernant le Concile de Basle[1]. Le s^r Jourdain avoit été à Basle, aux dépens du Roy, et sous les ordres de M. le chancelier d'Aguesseau, depuis le mois de juin 1717 jusqu'au mois de juin 1719, pour y copier et faire copier les manuscrits, qui sont tant dans les archives que dans la bibliothèque de cette ville, et qui regardent le Concile de Basle. Il y avoit été renvoyé, sous les ordres de M. l'abbé Bignon, au mois de février de cette année 1724, pour faire légaliser ces copies par le magistrat; il en étoit revenu au commencement du mois de juillet. Les deux voyages peuvent avoir coûté au Roy environ 8,000 liv., cy   8,000 liv.

Il y a parmi les papiers de la Bibliothèque une notice de ce que contiennent ces 39 volumes.

7. Le 31 dudit, suivant un mémoire et un bordereau en forme, restés parmi les papiers de la Bibliothèque. M. Fourmont l'aîné avoit fait graver, depuis l'année 1720 jusqu'audit jour de la présente année, 41,985 caractères chinois[2] pour la somme de

---

1. Voy. L. Delisle, *Cabinet des manuscrits*, t. I, p. 371. (Cf. plus loin § 16.) Ces mss., munis du sceau de la ville de Bâle, sont dans le fonds latin sous les numéros 1490, 1494 (1-13), 1500, 1504, 1505, 1510, 1513, 1516, 1517, 1519 à 1521.

2. Voy. les *Notices et extraits des manuscrits* (1787), t. I, p. lxxx-lxxxij.

16,709 liv., 10 s., 6 d., y compris 1,239 liv., 15 s. pour quelques menus frais, et en particulier pour deux corps d'armoire propres à placer lesdits caractères, cy   16,709 liv. 10 s. 6 d.

8. Le 17 septembre, remis pour la Bibliothèque par M. l'abbé Bignon :

Aretæi Cappadocis opera omnia, græce et latine. Oxonii, 1723, in-folio. — Ouvrage envoyé par M. Maittaire, qui en est l'éditeur.

Le 7 novembre, remis *idem* :

Caroli Richa, phil. et medic. doctoris, morborum vulgarium historia, seu constitutio epidemica Taurinensis annorum 1720, 1721 et 1722. Taurini, 1723, in-4°, trois volumes.

9. Le 24 dudit, reçu de Strasbourg pour la Bibliothèque du Roy les livres suivans, imprimés à Strasbourg :

Erici Mauritii J. C. dissertationes et opuscula de selectis juris publici, feudalis et privati argumentis. Argentorati, 1724, in-4°.

Historia Mediani in monte Vosago monasterii, ordinis S. Benedicti. Argentorati, in-4°.

Johan. Gottlieb Heineccii J. C. antiquitatum Romanarum jurisprudentiam illustrantium syntagma. Editio secunda. Argentorati, 1724, in-8°.

10. Le 28 décembre, ont été transportées à la Bibliothèque 129 planches gravées de différentes grandeurs, que le Roy a achetées des héritiers du célèbre Vandermeulen[1], pour la somme de 28,702 liv., suivant l'estimation juridique qui en avoit été faite par les s^{rs} Simonneau, de la part du Roy, et décharge de la part desdits héritiers. Laquelle somme a été payée au Trésor royal sur une ordonnance en date du 3e septembre de cette année, cy   28,702 liv.

Il y a parmi les papiers de la Bibliothèque un inventaire de ces planches, en forme de procès-verbal, fait par le commissaire Camuzet.

ANNÉE 1725.

11. Le 5 janvier, remis pour la Bibliothèque par le s^r Buvat, ancien écrivain de ladite Bibliothèque, un ouvrage manuscrit de sa composition, de 2,215 pages d'écriture, in-folio, intitulé : *Mémoires pour servir à l'histoire, ou Journal de ce qui s'est*

---

1. Il y a une liste d'Estampes remises à la veuve de Vandermeulen, le 14 décembre 1713, dans le 3e Registre des acquisitions, p. 315.

passé de plus considérable pendant la Régence de feu Monseigneur le duc d'Orléans, régent. Cet ouvrage a été broché et encartonné en quatre volumes, avec un cinquième volume de chansons et vaudevilles, recueillis par ledit sʳ Buvat[1].

12. Le 7 dudit, remis *idem* par le sʳ Paul Lucas quarante-quatre volumes manuscrits arabes, turcs et persans, que ledit sieur a rapportés du Levant, avec quelques médailles et autres curiosités, qu'il a remis au Cabinet des Médailles et Antiques du Roy. Il y a parmi les papiers de la Bibliothèque une notice de ces quarante-quatre volumes, faite par M. de Fienne[2].

13. Le 12 dudit, remis *idem* par M. l'abbé Bignon une Grammaire manuscrite in-4°, de la langue russe, reliée en maroquin à ses armes, et composée par le sʳ Sohier, interprète de la Bibliothèque du Roy en cette langue[3].

14. Le 20 dudit, remis *idem* par M. l'abbé Bignon un manuscrit in-4°, qui traite du blason.

15. Le 4 février, donné à la Bibliothèque par M. l'abbé Bignon deux volumes in-folio reliés, dorés sur tranche, à luy envoyés par M. le docteur Woodward, médecin de Londres[4], et intitulés : *Westmonasterium, or the histories and antiquities of the abbey church of St. Peters Westmonaster's.* London, 1723.

16. Le 17 dudit, remis pour la Bibliothèque un volume manuscrit in-folio, relié en maroquin, contenant des copies de plusieurs pièces détachées sur le Concile de Basle, envoyé de Basle par M. le docteur Iselin et légalisé par le magistrat[5]. Lequel volume a été ajouté à ceux dont il est parlé au 30ᵉ aoust 1724. Les frais qu'il en a coûté pour ce volume, et qui ont été remboursés audit sʳ Iselin, se montent à 85 liv., lesquels, joints à 10 liv., 5 s. de port, font cy .... 95 liv. 5 s.

---

1. Mss. français 13691-13693; publiés par M. Campardon en 1865, 2 vol. in-8°. — Cf. § 129.

2. Il s'agit ici du dernier voyage de Paul Lucas en 1723 et 1724. Il y a aux archives du Département des Médailles différentes pièces relatives à ce voyage, ainsi que dans le ms. nouv. acq. franç. 801 de la Bibliothèque nationale.

3. Ms. slave 5. — Cf. P. Martinof, *les Manuscrits slaves de la Bibliothèque impériale de Paris* (1858), p. 34-36.

4. Il y a plusieurs lettres du Dʳ Woodward à l'abbé Bignon dans le ms. français 22233, fol. 355-358, de la Bibliothèque nationale.

5. Cf. plus haut § 6. — On trouvera des lettres d'Iselin à l'abbé Bignon à cette occasion dans le ms. français 22229, fol. 325 et suiv.

Il se trouve une notice de ce volume parmi les papiers de la Bibliothèque.

17. Le 29 may, donné par M. l'abbé Bignon à la Bibliothèque les deux livres suivants :

Causa ecclesiæ Ultrajectinæ historice exposita, etc. Delphis, in-4°.
Index vocabulorum omnium, quæ in Eclogis, Georgicis et Eneide Virgilii continentur, etc. Parisiis, 1717, in-4°.

18. Le 16 juillet, donné par M. l'abbé Bignon un livre à lui envoyé par J. Bowier, imprimeur et libraire à Londres, intitulé :

Bernardi Oricellarii de Bello Italico commentarius, ex authentici ms. autographo nunc primum in lucem editus. Londini, 1724, in-4°, magnifiquement relié en maroquin.

19. Le 1er aoust, remis à la Bibliothèque les *Antiquités de l'église de Valence,* etc., par M. Jean de Catelan, évêque et comte de Valence. Valence, 1724, in-4°.

20. Le 6 dudit, donné par M. l'abbé Bignon le livre suivant, à luy envoyé par l'auteur : *The history of physick, from the time of Galen to the beginning of the sixteenth century, etc.,* by J. Freind, m. d. London, 1725, in-8°, 2 voll.

21. Le 19 septembre, donné par M. l'abbé Bignon : *The Monthly Catalogue; being an exact account of all books and pamphlets, etc.;* pour les années 1723 et 1724. London, in-4°, 2 voll.; envoyés par M. Hans Sloane.

22. Le 22 novembre, remis par M. l'abbé Bignon, pour la Bibliothèque, un petit ms. in-4° intitulé : *Variations exactes de tous les effets en papier, qui ont eu cours en France, et particulièrement à Paris, à commencer au mois d'aoust 1719 jusqu'au dernier mars 1731.*

Plus, *Traité du beau,* par M. de Crousaz. Nouvelle édition. Amsterdam, 1724, in-12, 2 voll.

Plus, *An enquiry whether a general practice of virtue,* etc. London, 1725, in-8°.

23. Le 29 dudit, reçu de Londres, par Calais, pour la Bibliothèque, présent fait par l'auteur, deux volumes in-folio, magnifiquement reliés, intitulés : *A voyage to the islands of Madera, Barbados, Nieves, St. Christopher and Jamaïca, with the natural history, etc.,* by Hans Sloane, m. d. London, 1er vol. 1707; second volume 1725.

Ledit jour, M. l'abbé Bignon a fait présent à la Bibliothèque d'un exemplaire du même livre, qui luy avoit été aussi envoyé par l'auteur M. Hans Sloane, et relié de même[1].

ANNÉE 1726.

24. Le 23 février, il a été remis pour la Bibliothèque du Roy un manuscrit in-folio, broché et couvert de maroquin, contenant la relation en françois et en turc de l'ambassade de Mehemet-Effendi, ambassadeur du Grand Seigneur en France, composée par luy-même et envoyée de Constantinople par M. le marquis de Bonnac[2].

25. Le 1er mars, remis pour la Bibliothèque un Dictionnaire turc et françois, ms., de la composition du sr Barout, interprète de la Bibliothèque en langue turcque, arabe et grecque moderne. Ledit Dictionnaire à l'usage des enfans de langue, in-folio, relié en carton.

26. Le 12e dudit, remis pour la Bibliothèque la relation ms. de l'ambassade de Mehemet-Effendi, traduite en françois. Cette relation est différente de la précédente en quelques endroits ; elle a été tirée du bureau de M. le comte de Morville, secrétaire d'État pour les affaires étrangères[3].

27. Le 1er avril, donné par M. l'abbé Bignon à la Bibliothèque :

Peters Langtoft's Chronicle, as illustrated and improv'd by Robert of Brunne, from the death of Cadwalader to the end of K. Edward the first's reign; publish'd by Th. Hearne. Oxford, 1725, in-8°, 2 voll.; envoyés par M. Hans Sloane.

Annales typographici ab artis inventæ origine ad annum 1500, opera Michaelis Maittaire. Hagæ Comitum, 1719, in-4°, 5 volumes; envoyés par l'auteur.

Ledit jour, reçu pour la Bibliothèque :

Catalogus plantarum quæ in insulâ Jamaïcâ proveniunt, etc., auctore Hans Sloane. Londini, 1699, in-8°; magnifiquement relié,

---

1. La phrase suivante, qui se rapporte à ce paragraphe, a été biffée : « Cet exemplaire a été donné, par ordre de M. l'abbé Bignon, à M. Burette, en échange de quelques livres anglois, qu'il a remis à la Bibliothèque. »
2. Ms. Supplément turc 717.
3. Ms. franç. 10777. Cf. plus haut § 24. — Une *Relation* de l'ambassade de Mehemet-Effendi et de son séjour à Paris avait été imprimée, l'année même de son voyage en France, à la suite de la *Nouvelle description de la ville de Constantinople* (Paris, 1721, in-12); il y en a une autre édition de 1758.

comme les deux volumes in-folio dont il est fait mention au 29 novembre 1725, et qui doit y être joint.

Audit jour, M. l'abbé Bignon a fait aussi présent à la Bibliothèque du même catalogue que l'auteur luy avoit envoyé en présent, relié et doré de même.

28. Le 3 dudit, remis pour la Bibliothèque le *Livre des Prières communes et de l'administration des sacremens*, suivant l'usage de l'église d'Angleterre, etc. Oxford, 1717, in-8°; en anglois et en françois.

29. Le 5 dudit, arrivées à la Bibliothèque cinq grandes caisses contenant les livres de musique du cabinet de M. l'abbé Brossard, cy-devant maître de musique, et actuellement chanoine de l'église cathédrale de Meaux, lequel les a envoyées comme un présent qu'il fait au Roy [1]. Cependant il en a eu une pension de 1,200 liv. sur le Trésor royal pour une de ses nièces, et 1,500 liv. de pension pour luy sur un bénéfice, le tout à la recommandation et sollicitation de M. le cardinal de Bissy, évêque de Meaux, qui affectionne ledit abbé Brossard. Il y a un catalogue en forme et très exact de tous ces livres, de la main de M. l'abbé Brossard, et qui fait partie dudit recueil.

---

1. Cette collection est conservée au Département des Imprimés de la Bibliothèque nationale, sauf quelques volumes manuscrits, récemment transmis au Département des Manuscrits en 1891. — L'abbé Bignon avait négocié cette acquisition vers la fin de l'année précédente; le 18 décembre 1725, il écrivait au comte de Maurepas :

« J'ay l'honneur, Monsieur, de vous envoyer un mémoire touchant une acquisition considérable que la Bibliothèque du Roy peut faire à très bon marché. C'est le recueil le plus complet qui ait jamais été de livres de musique; il a été assemblé par M. de Brossard, gentilhomme d'ancienne extraction et chanoine de la cathédrale de Meaux. Il offre ce cabinet au Roy, et pour tout...... il ne demande qu'une pension sur un bénéfice pour luy et une petite pension sur le Trésor royal pour une nièce, vieille fille dévote, qui demeure avec luy.

« M. le cardinal de Bissy, qui le connoît particulièrement, peut vous dire qu'indépendamment de cette offre de son cabinet, c'est un si digne ecclésiastique qu'il seroit malaisé de trouver personne qui méritât mieux à son âge de plus de soixante-dix ans d'avoir augmentation de revenu que Son Excellence pourra mieux estimer que moy. A l'égard de la nièce, je ne crois pas que la pension pût être moins de 1,000 liv., et, comme c'est tout ce qu'il en coûtera véritablement au Roy, je désirerois fort qu'il fût possible de faire souvent de pareils marchés. Vous sçavés, etc. » (Bibl. nat., ms. français 22234, fol. 4 v°.) — Il y a dans le même volume d'autres lettres de Bignon à l'abbé de Brossard (fol. 1, 3 et 14).

30. Le 13 dudit, remis un manuscrit in-8°, en langue persanne, ou recueil d'histoires fort courtes et peu intéressantes, au jugement de M. de Fienne, qui en a fait la notice. Plus un manuscrit en vers turcs, contenant le récit des Aventures de Kouffereré, fils du roy d'Ormus, et d'une très belle fille nommée Chirina, suivant l'écrit dudit s^r de Fienne, qui est au commencement du livre.

31. Le 31° may, donnés par M. l'abbé Bignon les livres suivants à luy envoyés par l'auteur :

Traité de l'éducation des enfans, par J.-B. de Crousaz. A la Haye, 1722, in-12, 2 volumes.

De physicæ utilitate dissertatio philosophica, par le même. Groningue, 1725, in-12.

Essay de rhétorique, par le même. *Ibid.*, 1725, in-12.

Essay sur le mouvement, par le même. *Ibid.*, 1726, in-12.

De mente humanâ, par le même. *Ibid.*, 1726, in-12.

32. *N. B.* Audit mois de may, a été finie l'impression de cinquante recueils de toutes les planches gravées du Roy, sur papier grand aigle, chaque recueil devant être de vingt-trois volumes[1]. Cette impression avoit été commencée le 10° de may 1723 par les ordres de M. le Duc, lors premier ministre; elle a été faite par les soins du s^r Ladvenant, garde des planches gravées et estampes de la Bibliothèque. Cette impression est destinée à faire des présens des Estampes du Roy, seulement suivant les ordres de Sa Majesté. Les frais n'en reviennent qu'à la somme de 12,780 liv., 6 s., 4 d., selon le bordereau général de dépenses dudit s^r Ladvenant, qui se trouve parmi les papiers de la Bibliothèque, cy

12,780 liv. 6 s. 4 d.

Ainsy le prix de chacun de ces cinquante exemplaires est de 255 liv., 12 s., 1 d. On aura soin dans la suite de ce registre d'y insérer une note de chaque Recueil, dont il plaira au Roy de faire des présens.

33. Le 1er juin, donné par M. l'abbé Bignon à la Bibliothèque la planche gravée du portrait de Jérôme Bignon II du nom.

---

1. Voy. G. Duplessis, *le Cabinet du Roi;* collection d'estampes commandées par Louis XIV (Paris, 1869, gr. in-8°). Extrait du *Bibliophile français*. — On trouvera à l'index alphabétique la liste des personnages auxquels furent concédés, dans le cours des années suivantes, des exemplaires reliés de ce recueil d'estampes.

34. Le 10 dudit, donné par M. de Boze à ladite Bibliothèque les planches gravées des portraits de Jacques Metezeau, fameux ingénieur, et de Nicolas-Joseph Foucault, conseiller d'État[1].

35. Le 9 juillet, donné par M. l'abbé Bignon le livre suivant à luy envoyé par l'auteur : *Histoire physique de la mer;* ouvrage enrichi de figures dessinées d'après le naturel par Louis-Ferdinand, comte de Marsigli. Amsterdam, 1725, in-fol.

36. Au mois d'aoust, acheté par M. Hardion, pour le Cabinet des Médailles du Roy, une médaille d'or de Commode, qui y manquoit et qu'il a trouvée chés un orfèvre de Versailles; payé par luy 40 liv., dont il a été remboursé par M. de Boze, cy 40 liv.

37. Le 1er septembre, acquis pour le Cabinet des Médailles du Roy deux cent douze médailles d'or, trouvées le 22 may de cette année par le nommé Martin Boutard, vigneron, travaillant une vigne dans le faubourg Saint-Jacques à Troyes. M. l'évêque de Troyes a envoyé 110 de ces médailles au Roy, au nom du chapitre, et il a été expédié ce jourd'huy une ordonnance de 6,000 liv. au profit et au nom dudit chapitre pour la décoration de l'église cathédrale de Troyes, et notamment pour une grille de fer autour du sanctuaire avec les armes du Roy, cy   6,000 liv.

A l'égard de 102 autres médailles, retirées par les soins de M. L'Escalopier, intendant de Champagne, des mains de ceux à qui ledit Boutard les avoit vendues, et présentées au Roy le 17 juillet dernier par M. L'Escalopier le fils, Sa Majesté en a aussi fait l'acquisition.

De ces 212 médailles, il s'en est trouvé 82 de doubles, lesquelles sont destinées à faire des échanges.

38. Le 10 octobre 1726, achevé l'impression de cinquante recueils d'estampes, en papier grand aigle, ordonnée le 15 février 1723, et commencée le 10 may suivant.

39. Le 16 novembre, remis au Cabinet des Médailles par M. le président de Maisons deux médailles d'or, l'une de Jules César et l'autre d'Andronic, pour lesquelles le Roy a bien voulu luy céder 45 des 82 médailles d'or doubles trouvées à Troyes, dont on vient de parler.

Nota, qu'une quarante-sixième de ces mêmes médailles a encore été troquée en faveur de M. l'abbé de Rothelin.

---

1. Ces deux planches et la précédente sont aujourd'hui déposées à la Chalcographie du Louvre.

40. Le 6 décembre, reçu pour la Bibliothèque une grande caisse, venant de Strasbourg et ne contenant que des thèses soutenues dans l'Université de cette ville et imprimées cette année, excepté le livre suivant :

Pharmacopeia Argentoratensis, inclyti senatus jussu publicata et a collegio medico adornata. Argentorati, 1720, in-fol.

41. Le 7 dudit, remis pour la Bibliothèque :

Statuts de l'ordre de Saint-Michel. De l'Imprimerie royale, 1725, in-4°, relié.

Le vice puni, ou Cartouche; poème. Amsterdam [Paris], 1725, in-8°.

Le 10 dudit, donné par M. l'abbé Bignon les livres suivants :

Lutetia Parisiorum erudita. Norimbergæ, 1722, in-12.

Statuta et consuetudines sacri ordinis Cluniacensis, cum constitutionibus pro regulari seu strictâ observantiâ ; in-4°.

Véritable grandeur d'âme, avec un traité du vray et du faux point d'honneur, par M. le marquis de Mayenne. Paris, 1726.

Georgii Cheynæi, m. d., tractatus de infirmorum sanitate tuendâ vitâque producendâ, etc. Londini, 1726, in-8°.

Le 14 dudit, donné *idem : Annales des Provinces-Unies*, par M. Basnage. La Haye, 1726, in-fol., grand papier, 2 voll.

42. Le 23 dudit, reçu pour la Bibliothèque une momie de l'oyseau Ibis, envoyée de Salonique par le consul de France; cette momie en fort mauvais état.

43. Le 26 dudit, donné par M. l'abbé Bignon :

Poésies de M. l'abbé de Chaulieu et de M. le marquis de la Fare. Amsterdam, 1724, in-8°.

Dissertation sur les vapeurs, par M. Viridet, médecin à Morge, pays de Vaux, canton de Berne. Yverdon, 1726, in-8°.

44. N. B. Le 29 octobre de cette année 1726, est mort M. Jean Boivin, garde des livres manuscrits de la Bibliothèque du Roy [1]. Le 2 novembre suivant, M. l'abbé Sallier a été nommé pour le remplacer en cette qualité; mais M. l'abbé de Targny, qui avoit la garde des livres imprimés, ayant demandé celle des manuscrits, elle luy a été accordée suivant la lettre de M. le comte de Maurepas, du 9 dudit mois de novembre, et M. l'abbé Sallier aura la garde des livres imprimés.

---

1. Voy. son éloge dans l'*Histoire de l'Académie des inscriptions* (1733), t. VII, p. 376-385.

ANNÉE 1727.

45. Le 11 janvier, remis pour la Bibliothèque la copie authentique d'un concile de Jérusalem dans ces derniers temps, écrite en grec, avec le sceau pendant de grands lacets de soye. Ce volume a été apporté de Constantinople par M. le marquis de Bonnac pour être déposé en ladite Bibliothèque[1].

46. Le 15 dudit, donné par M. l'abbé Bignon : *Joannis confratris et monachi Glastoniensis chronica sive historia de rebus Glastoniensibus*, edidit Th. Hearnius. Oxonii, 1726, in-8°, 2 volumes; envoyés par M. Hans Sloane.

47. Le 5 février, donné *idem : Historia cœlestis Britannica*, observante Johanne Flamsteedio, A. R. in observatorio Grenoviensi. Londini, 1725, in-fol., trois volumes. Cet important ouvrage a été envoyé relié à M. l'abbé Bignon par la veuve de M. Flamstead.

48. Le 16 dudit, remis à la Bibliothèque par le s^r Aubriet 120 vélins peints par luy en mignature pendant les années 1715, 1716, 1717, 1718 et 1719; 114 desdits vélins représentant des plantes et des fleurs, et 6 autres des animaux[2]. Il y en a une note parmi les papiers de la Bibliothèque.

49. Le 1er mars, donné par M. l'abbé Bignon : *Nouveau système du Microcosme, ou traité de la nature de l'homme*, par le s^r Timogue [Guiot]. La Haye, 1727, in-8°, relié.

50. Le 24 dudit, remis par M. l'abbé Sallier :

Essay philosophique sur le gouvernement civil selon les principes de M. de Fénelon, archevêque de Cambray, par M. de Ramsay; in-12.

Examen d'une partie de la dissertation de M. de Vertot, qui a pour titre : Sur l'origine des Loix saliques, par Pierre Rival. Londres, 1722, in-8°.

51. Le 28 dudit, en conséquence de la visite faite, le 13 de ce mois, par M. Coüet, grand vicaire du diocèse de Paris, pour reconnoître la salle où devoit être la chapelle de la Bibliothèque, M. le cardinal de Noailles a accordé ses lettres de permission pour dire la messe; M. l'abbé Coüet avoit déjà béni la chapelle dès le 21 et y avoit dit la première messe.

52. Le 3 avril, donné par M. l'abbé Bignon : *Petri Petiti*,

---

1. Ms. supplément grec 173.
2. Cf. plus loin § 138.

medici Parisiensis, in tres priores Aretæi Cappadocis libros commentarii, nunc primum editi. Londini, 1726, in-4°. Envoyé par l'éditeur M. Maittaire.

53. Le 5 dudit, donné *idem : Défense de la dissertation sur la validité des ordinations des Anglois*, par le P. Le Courrayer. Bruxelles, 1726, in-12, 4 volumes reliés; présent de l'auteur.

54. Ledit jour, remis pour la Bibliothèque : *La Campana Manfredonia*. Tratado mathematico, en que se resolven las incognitas proposiciones della dimension del circulo, etc., del Francisco Balbasor. En Sevilla, 1726, in-4°. Avec deux lettres imprimées, l'une en françois, l'autre en espagnol, sur ledit livre, et le jugement que M^{rs} de l'Académie ont porté de cet ouvrage; le tout envoyé à M. le comte de Maurepas.

55. Audit jour, lettre de M. le comte de Maurepas à M. l'abbé Bignon pour faire remettre à M. le cardinal de Fleury un recueil de la nouvelle édition des Estampes du Roy, relié en maroquin.

56. Le 10 dudit, donné par M. l'abbé Bignon : *The history of the Devil, as well ancient as modern*, in two parts. The second edition. London, 1727, in-8°, relié.

57. Le 12 dudit, donné *idem : Botanicon Parisiense*, ou dénombrement par ordre alphabétique des plantes qui se trouvent aux environs de Paris; enrichi de plus de 300 figures, par feu M. Sébastien Vaillant, de l'Académie royale des sciences de Paris, etc. Leide et Amsterdam, 1727, in-fol.; présent des libraires de Hollande.

58. Le 20 dudit, apporté par le s^r Collombat pour la Bibliothèque un petit portefeuille contenant tout ce que le roy Louis XV a imprimé luy-même dans sa petite imprimerie du Louvre et de Versailles[1].

59. Audit jour, remis : *Lettre critique de M. de Barras de Lapene, chef d'escadre des galères du Roy, au sujet d'un livre intitulé : Nouvelles découvertes sur la guerre, etc.; avec des Remarques critiques sur les trois nouveaux systèmes des trirèmes*. Marseille, 1727, in-fol., relié; envoyé par l'auteur.

60. Le 8 may, ont été transportées chez M. Fourmont l'aîné les sept caisses de livres chinois, dont il est parlé, article trois de

---

1. Voy. le *Bulletin de la Société de l'histoire de Paris* (1891), t. XVIII, p. 35-45.

l'*Observation préliminaire*, et qui estoient restées jusqu'à présent dans une des salles de la Bibliothèque.

61. Le 14 dudit, le s^r Fourmont écrit à M. l'abbé Bignon qu'il a fait l'ouverture de ces caisses, et que, suivant son compte, il y a environ 1,764 volumes chinois.

62. Le 14 dudit, lettre de M. le comte de Maurepas à M. l'abbé Bignon pour faire remettre à M. de Valincourt un recueil de la nouvelle édition des Estampes[1].

63. Le 19, M. le cardinal de Fleury est venu à la Bibliothèque pour en examiner l'état et les bâtiments et ordonner ensuite les travaux qu'on doit y faire pour la loger plus commodément et plus magnifiquement[2].

64. Le 3 aoust, autre lettre de M. le comte de Maurepas pour faire remettre au chapitre de Lille, en Flandres, un recueil desdites Estampes.

65. Le 26 dudit, remis pour la Bibliothèque : *Myotomia reformata, or an anatomical treatise on the muscles, etc.;* by William Cowper. London, 1724, in-fol., carta maxima, avec figures. Cet exemplaire a été acheté chez le s^r Cavelier, libraire, et payé 150 liv., cy   150 liv.

66. Le 27 dudit, donné par M. l'abbé Bignon les deux livres suivants :

Fortuita sacra, quibus subjicitur commentarius de cymbalis. Roterodami, 1727, in-8º.

Horatii poemata, de l'édition de M. Cuningam. A la Haye, 1721, in-8º; présent de l'éditeur.

67. Le 3 septembre, suivant la lettre de M. le comte de Maurepas dudit jour, M. Hardion a été nommé garde des livres à la suite de la Cour et des livres dont on se propose de former pour le Roy une bibliothèque particulière à Versailles.

68. Le 20 dudit, on a achevé de transporter à la Bibliothèque le cabinet de figures et autres monumens antiques, appartenant cy-devant au s^r Mahudel, médecin, et de l'Académie royale des inscriptions[3]. Ce cabinet, qui consiste en huit armoires, a été

---

1. Cf. une lettre de Bignon dans le ms. franç. 22234, fol. 98.

2. On trouvera en appendice un mémoire de l'architecte Robert de Cotte, visé par l'abbé Bignon et approuvé par le duc d'Antin, à la date du 8 septembre 1727, sur les nouveaux aménagements de la Bibliothèque du Roi. — Cf. §§ 86 et 180.

3. Nicolas Mahudel, médecin et numismate, né en 1673, mort en 1747.

acquis par le Roy pour la somme de 40,000 liv., laquelle a été payée en huit payemens égaux de 5,000 liv., de mois en mois, depuis le mois de février de la présente année, cy   40,000 liv.

Pendant cet espace de temps, il a encor été payé pour le loyer de l'appartement, où étoient ces antiques, 187 liv., 10 s., cy
187 liv. 10 s.

Plus, pour frais de transport, 120 liv., cy   120 liv.

Il y a parmi les papiers de la Bibliothèque une description ample et détaillée de tout ce que contient ce précieux cabinet.

69. Le 24 octobre, remis pour la Bibliothèque :

Histoire d'Angleterre, par Rapin Thoyras. Édition contrefaite à Trévoux, 1727, in-4°, 8 voll.

Les *Œuvres de La Fontaine*, imprimées à Paris, par permission tacite, 1727, in-4°, 3 voll.

Mémoires de M. l'abbé de Choisy. Id., ibid., par permission tacite, 1727, in-12.

Les nuits de Straparole. Id., ibid., 1727, in-12.

70. Le 19 novembre, lettre de M. le comte de Maurepas pour faire remettre un recueil de la nouvelle édition des Estampes à M. le garde des sceaux d'Armenonville.

71. Le 20 dudit, remis par M. l'abbé Sallier : *Œuvres diverses de M. Vergier, commissaire de marine*. Amsterdam, 1725, in-12, 2 voll.

72. Le 6 décembre, remis pour la Bibliothèque sept volumes manuscrits en langue arabe, turcque et persane, avec un portefeuille, où se trouvent quelques miniatures dans le goût des Orientaux, appartenant cy-devant au s^r Armain, interprète du Roy à Alexandrie d'Égypte[1]; lequel les a vendus à la Bibliothèque pour la somme de 560 liv., suivant l'estimation qu'en a faite M. de Fienne, cy   560 liv.

Il y a parmi les papiers de la Bibliothèque une note de ces manuscrits, avec l'estimation dudit s^r de Fienne.

73. Ledit jour 20 novembre, remis un Recueil des œuvres manuscrites de musique du s^r Charpentier, maître de musique de la Sainte-Chapelle, et mort en 1701 ; ledit recueil acheté du s^r Édouard, libraire, neveu de l'auteur, sur les représentations de M. l'abbé de Chancey, pour la somme de 300 liv., cy   300 liv.

---

1. Voy. L. Delisle, *Cabinet des manuscrits*, t. I, p. 373.

Le catalogue de ces pièces de musique est parmi les papiers de la Bibliothèque du Roy.

74. Le 10 décembre, remis pour la Bibliothèque, par ordre de M. le comte de Maurepas, un portefeuille contenant les impressions faites par le s^r Collombat pour les Finances.

75. Le 12 dudit, remis à la Bibliothèque : *Missale Massiliense*, imprimé en 1530, in-folio, sur parchemin [1].

N. B. Ce volume, que le P. Le Brun estimoit unique dans le royaume, a été demandé, sur les instances de M. l'abbé Bignon, par M. le comte de Maurepas à M. de Montolieu, capitaine de galères, qui en étoit possesseur, et qui l'a envoyé de la meilleure grâce du monde au Ministre pour rester dans la Bibliothèque du Roy ; en priant cependant qu'il luy fût envoyé un extrait certifié de quelques articles de ce *Missel*, qui regardent sa famille, ce qui a été exécuté. Il y a une liasse là-dessus dans les papiers de la Bibliothèque.

76. Le 22 décembre, acquis du s^r Musier, libraire de Paris, par échange de quelques livres doubles de la Bibliothèque, le dictionnaire portugais intitulé : *Vocabulario portuguez e latino, etc., autorizado com exemplos dos melhores escritores portuguezes e latinos*, pelo Padre D. Raphael Bluteau, clerico regular. Coimbra, 1712, 8 volumes, estimez valoir 100 liv., cy   100 liv.

77. Le 27 dudit, donné par M. l'abbé Bignon :

Adami de Domerham historia de rebus gestis Glastoniensibus, etc.; edidit Th. Hearnius. Oxonii, 1727, in-8°, 2 voll. Envoyé par M. Hans Sloane.

The natural history of the Earth, illustrated, inlarged and defended, by Joh. Woodward. London, 1726, in-8°. Envoyé par l'auteur.

Petri Burmanni epistola ad Claudium Capperonerium de nova ejus Quintiliani de Institutione oratoriâ *editione*. Leidæ, 1726, in-4°.

78. Le 31 dudit, rapportés de Versailles à la Bibliothèque les deux gros volumes des cartes topographiques de l'Irlande, donnés à ladite Bibliothèque, en 1715, par M. de Valincourt, qui les avoit achetés d'un armateur, comme effets pris sur un vaisseau anglois dans la dernière guerre ; lesdits deux volumes prêtés par M. l'abbé de Targny au cardinal Dubois avant sa mort. Ces deux précieux et rares volumes avoient été égarés et on les avoit

---

1. Département des Imprimés, vélins, n° 166.

cru perdus, ou plutôt on avoit cru que le cardinal Dubois, pour faire plaisir aux Anglois, les leur avoit restitués. Heureusement ils se [sont] retrouvés l'année dernière, à l'inventaire de feu M. de Lisle, premier géographe du Roy, à qui le cardinal Dubois les avoit sans doute remis ou fait remettre. La veuve dudit s^r de Lisle les a voulu présenter au Roy luy-même, le 8 de ce mois, et M. l'abbé Bignon les a rapportés de Versailles le présent jour 31 décembre. Il y a parmi les papiers de la Bibliothèque une déclaration par-devant notaires de la veuve de Lisle sur cette affaire [1].

---

[1]. Mss. anglais 1-2; cf. L. Delisle, *Cabinet des manuscrits*, t. I, p. 333; et aussi les mss. français 22225, fol. 93-94, et 22226, fol. 263-266.

J. Boivin, dans ses *Mémoires*, à l'année 1709, parle en ces termes de ces manuscrits (Bibl. nat., ms. franç. nouv. acq. 1328, fol. 321) :

« Milord Petti, comte de Sherburne, de la Société Royalle de Londres, ayant été envoyé en Irlande par le roy Jacques II, avec autorité et en qualité d'inspecteur général, pour faire une description exacte de tout le pays, y leva le plan et fit la carte de chaque territoire, entrant dans le dernier détail et distinguant sur le papier jusqu'aux héritages des particuliers. Ce travail achevé, il mit ses cartes en ordre et en composa deux gros volumes. En 1707, environ vingt ans après sa mort (il était mort en 1687, âgé de soixante-trois ans), des armateurs françois prirent le vaisseau *l'Unité*, qui appartenoit à milord Sherburne, fils de l'autheur, et qui repassoit de Dublin à Londres, au mois de février 1707. Parmy plusieurs livres qui estoient dans le vaisseau, se trouvèrent les deux volumes de cartes faites à la main et un troisième des mêmes cartes gravées en petit. Cette partie du butin fut envoyée à M. de Valincourt, secrétaire général de la marine, qui crut devoir offrir à la Bibliothèque du Roy ce précieux recueil... » (Cf. plus haut § 62.)

Quelques années auparavant, l'abbé Bignon, préoccupé du sort de ces deux volumes, s'était adressé pour découvrir leurs traces à l'un de ses correspondants, M. Pequer, et lui avait écrit, le 26 novembre 1725 :

« Permettés-moy, Monsieur, de recourir à vous par raport à une chose qui me tient infiniment au cœur dans la Bibliothèque du Roy. Il y a quinze ou seize ans que le feu Roy y fit remettre trois gros volumes in-folio, qui avoient été pris par un armateur sur un vaisseau anglois. Un étoit imprimé, les deux autres étoient à la main, et tous contenoient des cartes géographiques et topographiques de toutes les parties d'Angleterre, d'Écosse et d'Irlande dans le plus grand détail et avec des marques d'authenticité. Les Anglois firent toutes sortes d'efforts pour les avoir et nos Messieurs de la Bibliothèque, qui en avoient soin pour M. l'abbé de Louvois, m'ont assuré que des Anglois en avoient offert jusqu'à dix mille écus pour les retirer. Peu de temps après la mort du feu Roy et avant celle de M. l'abbé de Louvois, M. l'abbé de Targny prêta ces trois volumes à M. l'abbé Dubois. Dès que je fus nommé bibliothécaire, je les luy fis redemander, mais il

ANNÉE 1728.

79. Janvier; au commencement, le Roy a acquis pour sa Bibliothèque le recueil de pièces fugitives, imprimées et manuscrites, consistant en 600 volumes, tant in-fol. qu' in-4° et in-12, appartenant au s^r Morel de Thoisy, lequel avoit déjà fait transporter ledit recueil à la Bibliothèque dès l'année 1725, comme un présent ou un don qu'il faisoit au Roy[1]. Cependant Sa Majesté, en considération dudit recueil, a accordé audit s^r Morel de Thoisy, au commencement de cette année, une croix de l'ordre de Saint-Michel, avec dispense d'un degré de noblesse, et une pension viagère de 800 liv. Il y a, parmi les papiers de la Bibliothèque, une espèce de catalogue, ou plutôt une note de ces volumes.

80. Le 4 dudit, donné par M. l'abbé Bignon : *Alsace françoise, ou nouveau recueil de ce qu'il y a de plus curieux dans la ville de Strasbourg.* A Strasbourg, 1706, broch. in-fol., reliée en maroquin.

81. Le 10 dudit, payé au R. P. Le Brun, de l'Oratoire[2], la somme de 300 liv. pour un certain nombre de livres liturgiques, tant imprimés que manuscrits, qu'il avoit remis à la Bibliothèque au mois de septembre 1725 et aux mois de septembre et de novembre 1727, cy   300 liv.

La note de ces livres se trouve parmi les papiers de la Bibliothèque et chés M. l'abbé de Targny, qui en a fait l'estimation le 6e décembre.

82. Le 20 dudit, reçu deux grands portefeuilles en carton blanc, contenant les *Mémoires pour servir à l'histoire de la Bibliothèque du Roy*, avec les preuves, composés par feu M. Boivin[3], et que Mme Boivin, sa veuve, a remis à ladite Bibliothèque, à la prière de M. l'abbé Bignon. Lesdits deux portefeuilles ont passé sur-le-champ entre les mains de M. l'abbé de Targny.

---

souhaita de les garder encore quelque temps en assurant qu'il les feroit rendre; à sa mort nous les avons fait chercher et ils ne se sont point trouvés dans ses papiers. Des gens instruits m'ont dit depuis quelques jours qu'ils sçavoient certainement que M. le cardinal Dubois avoit remis ce livre aux agents d'Angleterre par forme de pot-de-vin en passant le dernier traité avec cette nation. » (Bibl. nat., ms. franç. 22234, fol. 1.)

1. Voy. L. Delisle, *Cabinet des manuscrits*, t. I, p. 371-372. — Cf. plus loin § 108.
2. Cf. L. Delisle, *Cabinet des manuscrits*, I, 372.
3. Mss. nouv. acq. franç. 1328 et français 22571.

83. Le 2 février, donné par M. l'abbé Bignon : *Glossarium germanicum, continens origines et antiquitates linguæ germanicæ hodiernæ*, auctore Jo. Georg. Wachtero. Lipsiæ, 1727, in-8°. Envoyé par l'auteur.

84. Le 6 dudit, remis le manuscrit du Dictionnaire françois et turc composé par le s^r Barout, interprète de la Bibliothèque, pour lequel ledit Barout a reçu au Trésor royal 400 liv. de gratification, cy   400 liv.

85. Le 25 dudit, acquis pour la Bibliothèque pour la somme de 380 liv., cy   380 liv.

Danubius Pannonico-Mysicus, observationibus perlustratus et in sex tomos digestus, ab Aloysio Ferd., comite Marsili. Hagæ Comitum et Amstelodami, 1726, in-fol., carta maxima, 6 volumes.

86. Le 26 dudit, a été expédiée la première ordonnance de 50,000 liv., à-compte des 500,000 liv. qu'il a plu au Roy de destiner pour les dépenses que Sa Majesté est dans l'intention de faire pour l'embellissement de sa Bibliothèque à Paris.

87. Le 4 mars, donné par M. l'abbé Bignon : *Justification de la morale et de la discipline de Rome contre un livre anonyme intitulé :* la Morale des Jésuites, etc., comparée à la morale des Payens, par M. Petit-Didier. Estival, 1727, in-8°.

88. Le 8e dudit, remis pour la Bibliothèque un volume in-4°, intitulé : *Médailles du roy Louis XV*, par M. Godonesche; duquel livre le privilège a été retiré parce qu'il a été obtenu sans l'aveu de l'Académie royale des inscriptions et belles-lettres.

89. Le 9 dudit, lettre de M. le comte de Maurepas pour faire remettre à M. le controlleur général Pelletier des Forts un recueil de la nouvelle édition des Estampes du Roy.

90. Le 16 dudit, reçu de Strasbourg pour la Bibliothèque les livres suivants, imprimés dans cette ville :

Johannis Georgii Estor Analecta Fuldensia. Argentorati, 1727, in-fol.

Ejusdem commentarii de ministerialibus. Ibid., 1727, in-4°.

Reformatio difformis et deformis. Ibid., 1726, in-4°.

Spermatologia historico-medica, auctore M. Schanzio. Francofurti ad Mœnum, 1720, in-4°.

Pauli Hermanni Cynosura materiæ medicæ. Argentorati, 1725, in-4°.

Joh. Leonhardi Froereiserii de ædificio spirituali. Ibid., 1728, in-4°.

Turnefortius Alsaticus, cis et tra Rhenanus. Ibid., 1728, in-8º.
Commentaire sur la constitution de l'empereur Robert, de l'an 1395; en allemand. 1727, in-fol., sans nom de lieu.

91. Le 25 dudit, donné par M. l'abbé Bignon :

Thomæ de Elmham vita et gesta Henrici V^{ti}, Anglorum regis; edidit Th. Hearnius. Oxonii, 1727, in-8º. Envoyé par M. Hans Sloane.

92. Le 7 avril, remis à la Bibliothèque par le s^r Grandjean trois matrices de cuivre rouge, de forme ronde, sur un quarré de cuivre jaune, de différentes grandeurs, aux armes de France, avec une quatrième matrice qui ne doit pas servir; le tout pour fondre en plomb les estampilles servant à marquer les livres in-folio, in-4º, in-12[1], etc. Suivant le mémoire du s^r Grandjean, ces quatre pièces doivent coûter 600 liv., mais il est entendu que le paiement n'en étoit pas pressé, cy 600 liv.

93. Le 9 dudit, donné par M. Moreau de Mautour à la Bibliothèque un manuscrit petit in-folio, contenant la Cour amoureuse du roy Charles VI, un traité de blason, et les rois de l'Épinette de Lille[2].

93 bis. Le 14 dudit, remis pour rester à la Bibliothèque la carte manuscrite de la Mer Caspienne, dessinée sur les lieux et envoyée à l'Académie royale des sciences par le czar Pierre Ier. Cette carte est expliquée en françois par le s^r abbé Girard, interprète de la Bibliothèque en langue russe.

94. Le 17 dudit, donné par M. l'abbé Bignon : *Histoire de Dauphiné*, etc., par M. de Valbonnays. Genève, 1722, in-fol., 2 voll. reliés.

95. Le 14 may, remis par M. de Boze à la Bibliothèque différentes pièces manuscrites, dont M. l'abbé de Targny doit avoir le mémoire, en échange de quelques livres doubles de ladite Bibliothèque.

96. Le 5 juin, on a achevé de transporter les livres de la Biblio-

---

1. Les précédentes estampilles semblent avoir été faites en 1670; on lit en effet dans les *Comptes des bâtiments du roi*, publiés par M. J. Guiffrey (t. I, p. 271) : « 1670, 15 mars. — A Thomassin, graveur, pour divers ouvrages de gravure faits et refaits pour servir à marquer les livres de la Bibliothèque, 615 liv. »
2. Ms. français 10469.

thèque dans la galerie d'en haut de l'hôtel de la Compagnie des Indes; ils y doivent rester en attendant que les ouvrages qu'on a faits dans les galeries de la Bibliothèque soient achevés.

97. Le 22 dudit, arrivé une caisse de Lisbonne, envoyée par M^{rs} les comtes d'Ericeira à M. l'abbé Bignon pour la Bibliothèque, contenant 12 volumes in-folio, 24 volumes in-4°, 5 volumes in-8° et in-12, avec 82 brochures in-4°, sur différentes matières, le tout en portugais. Il y a parmi les papiers de la Bibliothèque du Roy un catalogue détaillé de tous ces livres et de toutes ces brochures.

98. Le 23 dudit, remis pour la Bibliothèque un exemplaire du livre intitulé : *Etat de l'Empire d'Allemagne*, par Samuel Puffendorf; ensemble la Capitulation et la Pragmatique Sanction de l'empereur Charles VI. Traduit en françois, avec des notes historiques et politiques, etc.; en deux parties. Strasbourg, 1728, in-4°, relié, doré sur tranches et couvert de velours cramoisy.

N. B. Ce livre a été imprimé sans privilège, aux dépens de l'auteur, M. Spon, secrétaire de M. Klinglin, préteur royal de Strasbourg, lequel à ce qu'on assure n'en avoit fait tirer que 50 exemplaires. M. le garde des sceaux Chauvelin les a fait supprimer à la réserve de deux, dont l'un est celuy-cy, et l'autre a été remis dans la petite bibliothèque du Roy, à Versailles; on en a déchiré l'Épître dédicatoire adressée à M. le cardinal de Fleury.

99. Le 24 dudit, remis par M. l'abbé Bignon un manuscrit in-4°, sur parchemin, contenant une *Épître allégorique d'Othéa à Hector*, adressée à Louis, duc d'Orléans, fils de Charles V, par la célèbre Christine de Pisan.

100. Le 7 août, envoyé de Madrid, par M. d'Aubenton, pour la Bibliothèque du Roy :

ΑΠΑΣΤΕΡΩΣΙΣ, *sive in astrum conversio, elegia*, D. Emmanuele Martino, decano Alonensi auctore. Mantuæ Carpetanorum, in-8°.

Theatro critico universal, o discursos varios en todo genero de material, para desengaño de errores communes, escrito por el M. R. P. M. Fr. Benito Geronimo Feyjoo, maestro general de la religion de San Benito. Madrid, tomo primiero, 1727; tomo segundo, 1728, in-4°.

Plus envoyé par le même un volume in-4°, contenant divers écrits et pièces critiques sur l'ouvrage cy-dessus : *Theatro critico*, etc. Il a été payé pour le tout à M. Daubenton à Paris, à l'acquit de M. d'Aubenton, 37 liv., 6 s., cy   37 liv. 6 s.

101. Le 10 dudit, lettre de M. le comte de Maurepas pour faire remettre à M. le chancelier d'Aguesseau un recueil des Estampes du Roy de la nouvelle édition.

102. Audit mois d'août, il a été expédié au profit du s^r Mercier, relieur, une ordonnance sur le Trésor royal de 2,985 liv. pour la reliure des recueils d'Estampes donnés par le Roy à M. le cardinal de Fleury, au chapitre de Saint-Pierre de Lille, à M. le garde des sceaux d'Armenonville et à M. le controlleur général Pelletier des Forts, lesdits recueils reliés en maroquin; et de deux autres recueils reliés en veau, l'un pour M. de Valincourt, et l'autre pour rester au Département des Estampes, cy   2,985 liv.

103. Le 1er septembre, sont partis de Paris, par la diligence de Lyon, M^{rs} les abbés Sevin et Fourmont, de l'Académie des inscriptions et belles-lettres, pour se rendre à Constantinople. L'objet du voyage qu'ils entreprennent par ordre et aux dépens du Roy est : 1° de tâcher d'avoir entrée dans la bibliothèque du Grand Seigneur, supposé qu'il y en ait une, pour y prendre la note des prétendus manuscrits que bien des gens s'imaginent y être restés de l'ancienne bibliothèque des empereurs grecs. Deux lettres écrites de Constantinople à M. l'abbé Bignon par Zaïd-Aga, fils de Mehemet-Effendi, que nous avons vu, en 1721, ambassadeur du Grand Seigneur en France, ont fait naître cette idée, qui a été adoptée par la Cour. Le second et véritable objet de ce voyage est de faire pour la Bibliothèque du Roy la recherche de tout ce qui se peut trouver dans le Levant, soit de manuscrits grecs, soit de livres écrits dans les différentes langues orientales[1].

104. Le 4 dudit, a été rendu un Arrest du Conseil, qui ordonne que les livres et papiers qui ont été saisis chés M. l'abbé Petitpied et les livres et papiers contenus dans les paquets d'un nommé Blondel seront remis à la garde de M. l'abbé de Targny, pour rester à la Bibliothèque du Roy.

105. Le 2 octobre, remis par M. Burette les livres qu'il cède en échange des deux volumes in-folio de l'*Histoire de la Jamaïque* et du *Catalogue*, in-8°, *des plantes de la Jamaïque*, par M. Hans

---

1. Voy. L. Delisle, *Cabinet des manuscrits*, t. I, p. 380-387. — Une série de documents relatifs à la mission en Orient des abbés Sevin et Fourmont forment aujourd'hui le ms. 5384 des nouv. acq. franç. de la Bibliothèque nationale.

Sloane, dont il est parlé aux 29 novembre 1725 et 1er avril 1726, comme ayant été donnés à la Bibliothèque par M. l'abbé Bignon. Il y a, parmi les papiers de la Bibliothèque, un mémoire des livres cédés par M. Burette, paraphé même par M. l'abbé Bignon.

106. Le 30 novembre, donné et remis par M. l'abbé Bignon pour le Cabinet des Médailles du Roy la grande médaille d'or du feu czar Pierre Ier, dont la czarine avoit fait présent par son ambassadeur à chacun de M^{rs} les honoraires de l'Académie royale des sciences; cette médaille vaut plus de 300 liv.

107. Le 8 décembre, lettre de M. de Maurepas pour faire remettre un recueil de la nouvelle édition des Estampes du Roy à la bibliothèque particulière de Sa Majesté à Versailles.

108. Le 14 dudit, remis par M. l'abbé Alary la notice qu'il a faite des volumes historiques du Recueil de M. Morel de Thoisy; cette notice est en un volume in-folio, broché et encartonné.

109. Le 15 dudit, remis pour le Cabinet des Médailles la petite médaille d'or du feu czar, donnée par ordre de la czarine à chacun des adjoints de l'Académie des sciences; ladite médaille achetée par M. Lieutaud, et payée 120 liv., cy   120 liv.

110. Le 20 et 28 dudit, arrivés deux balots de livres, le premier par le carosse, le second par les rouillers, envoyés de Strasbourg pour la Bibliothèque du Roy par Doulsecker père, libraire de cette ville, sur la demande que lui en a faite M. l'abbé Bignon, lesdits livres étant d'impression d'Allemagne; tous ces livres ont coûté d'achat 811 liv. et de port 49 liv., ce qui fait en total 860 liv., cy   860 liv.

Note des livres d'Allemagne, envoyés par Doulsecker père et reçus auxdits jours. — (*En marge :*) Icy sera inséré le Catalogue avec les prix [1].

111. Ledit jour 28 dudit, lettre de M. de Maurepas pour faire remettre à M. le duc d'Antin un recueil des Estampes du Roy.

112. Le 29 dudit, lettre du même à M. le comte de Maurepas pour faire remettre à M. d'Hermand, ingénieur, les estampes qu'il demande pour la prétendue bibliothèque militaire qu'il forme pour le Roy, et dont ledit s^r d'Hermand a donné son mémoire.

---

1. Ce catalogue a été omis dans le *Registre* de l'abbé Jourdain. — Doulseker, de Strasbourg, était depuis longtemps le libraire attitré de la Bibliothèque pour les livres d'Allemagne.

113. *N. B.* M. l'abbé Sallier, pendant la vente de la bibliothèque de M. de Seignelay [1], laquelle, ayant commencé le 24 may de cette année, a continué, pendant cent onze séances, jusqu'au 21 octobre de la même année, a acheté à ladite bibliothèque pour celle du Roy : 293 volumes in-folio, 456 in-4°, 304 in-8° et in-12; total, 1,013 volumes pour la somme de 3,200 liv., cy

3,200 l. 18 s.

Plus, employé par ledit sieur la somme de 1,508 liv., 14 s. pendant ladite année, tant pour acheter de différents libraires 38 voll. in-folio, 46 voll. in-4° et 39 voll. in-8°, que pour payer les souscriptions suivantes : de la nouvelle édition des *Actes* de Rymer, à Londres, 240 liv.; celle des *Œuvres* de Regnier, 24 liv.; et celle de Canisius, 30 liv. A quoi il faut joindre les frais de voyage, ou de ports ou transport, qui se montent encore à 146 liv., cy

1,508 liv. 14 s.

Ces deux sommes de 3,200 liv., 18 s., et de 1,508 l., 14 s., faisant en total celle de 4,709 liv., 12 s., ont été payées : 1° par une ordonnance particulière sur le Trésor royal de 3,000 liv.; 2° par 1,500 liv., provenant de la vente qui a été faite par ordre de M. l'abbé Bignon au s^r Gandouin, libraire, de quelques livres doubles, qui étoient parmi les livres du garde-meuble de Versailles, transportés à Paris le 17 juillet 1724; 3° enfin par 171 liv., 12 s., qui ont été employées dans les états de dépenses extraordinaires de la Bibliothèque. Le catalogue détaillé de toutes ces acquisitions, avec les prix, se trouve parmi les papiers de la Bibliothèque.

ANNÉE 1729.

114. Le 12 janvier, M. le comte de Maurepas, à la sollicitation de M. l'abbé Bignon, a écrit à M. Peleran, consul de France à Alep, et luy a donné ordre d'acheter pour la Bibliothèque 2,000 peaux de maroquin rouge; les anciennes peaux qui sont

---

1. Voy. *Bibliotheca Colbertina*, seu Catalogus librorum bibliothecæ quæ fuit primum ill. v. d. J.-B. Colbert, regni administri, deinde ill. d. J.-B. Colbert, march. de Seignelay..... (Paris, 1738, 3 vol. in-12.) — L'abbé Sallier acquit à cette vente des cartes des côtes de France qu'il remit au Ministre de la Marine. (*Archives du Ministère de la Marine*, B7 131, fol. 156 v°.)

encore à la Bibliothèque ne suffisant pas pour la reliure des livres[1].

115. Audit mois, M. de Boze a acheté pour le Cabinet des Médailles une médaille grecque, moyen bronze, fabrique égyptienne, de Titiana, femme de Pertinax, pour la somme de 100 liv., cy   100 liv.

116. Le 7 février, transportés de Versailles à la Bibliothèque du Roy à Paris les livres, cy-devant à l'usage du Roy, tant imprimés que manuscrits, dont M. l'abbé Perrot a la garde[2]. Les manuscrits consistant en trente-cinq articles, dont il y a une note parmy les papiers de la Bibliothèque. Les imprimés sont au nombre de 1,146 volumes in-folio, in-4° et in-12, y compris grand nombre de brochures, comme harangues, oraisons funèbres, etc., dont il y a un catalogue parmi lesdits papiers.

117. Le 15 dudit, transportés aussi du château du Louvre à la Bibliothèque les livres cy-devant à l'usage du Roy, tant imprimés que manuscrits, étant à la garde du s^r abbé Perrot; les manuscrits, au nombre de vingt-trois, et les livres imprimés consistant en cinquante articles, outre quantité de livres, de brochures, oraisons funèbres, harangues, etc. Il y a parmi les papiers de la Bibliothèque des catalogues ou notes, tant des imprimés que des manuscrits.

N. B. Tous les susdits livres, tant ceux arrivés le 7 de ce mois que ce jourd'huy, ont été remis à la Bibliothèque pour en faire l'usage suivant par rapport aux livres imprimés : 1° choisir tous ceux qui ne se trouvent point dans la Bibliothèque et les y insérer; 2° échanger les livres bien conditionnés contre d'autres livres de ladite Bibliothèque qui seront moins bien; 3° après ces deux opérations faites, vendre le surplus pour faire un fond qui puisse

---

1. Cette lettre du ministre se trouve aux archives du Ministère de la Marine, B⁷ 134, fol. 11 v° :

« A Versailles, le 12 janvier 1729. — J'ay reçeu la lettre que vous m'avez écrite le 15 du mois de janvier de l'année dernière pour me donner les éclaircissements que je vous avois demandé au sujet de ces peaux de maroquin, dont on a besoin pour la Bibliothèque du Roy. Il est nécessaire que vous fassiez l'emplette de 2,000 de celles d'Alep de couleur rouge, que vous marquez devoir revenir à 5 liv. 3 s. chacune. Comme la quantité qui vous en est demandée est considérable, je m'attens que vous les aurez à meilleur marché..... » — Cf. aussi le ms. nouv. acq. franç. 5384, fol. 233-237, et plus loin § 165.

2. Voy. L. Delisle, *Cabinet des manuscrits*, t. I, p. 373-374.

servir à acquérir les livres convenables pour former la bibliothèque particulière du Roy à Versailles, à laquelle on travaille tout de bon depuis l'année dernière, et à payer les frais de reliures autant qu'il sera possible.

118. Le 23 dudit, donné par M. l'abbé Bignon : *Historia Veneta* D. Gratiani. Venetiis, 1728, in-4°, grand papier, 2 voll. Plus un volume de diverses pièces concernant la fondation de l'Institut des sciences de Boulogne, par M. le comte Marsili, in-folio. Ces deux ouvrages envoyés par M. le comte Marsili.

119. Le 7 mars, acquis de l'abbé Rousselet par M. l'abbé de Targny les manuscrits suivants pour la somme de 40 liv., cy 40 liv.

1° Tout ce que Jean Maldonat, Jésuite, a enseigné en fait de théologie à Paris, in-folio.

2° *Histoire métallique de France*, à commencer par Louis XII jusqu'à Louis XIII inclusivement.

3° L'*Agamemnon* d'Eschyle, avec les notes de Casaubon.

4° *Richard de Pophis;* c'est un traité touchant les différends des rois d'Arménie et de Chypre.

5° 12 cahiers, qui contiennent des extraits de la *Chambre des comptes* de Paris.

6° Un cahier qui doit entrer dans un corps d'histoire.

7° Un *Optat de Milève*, sur vélin [1].

120. Le 15 dudit, donné par M. l'abbé Bignon : *Liber niger Scaccarii*, edidit Th. Hearnius. Oxonii, 1728, in-8°, 2 voll. Envoyé par M. Hans Sloane.

121. Le 18 dudit, arrivé de Londres par Calais, à l'adresse de M. Sovalette, pour la Bibliothèque du Roy, une caisse envoyée par M. de Chammoret, chargé des affaires du Roy à Londres, contenant des livres qui luy avoient été demandés par M. l'abbé Bignon, lequel avoit envoyé audit s^r de Chammoret pour les payer une lettre de change de 500 liv., dès le 3 septembre 1728, cy   500 liv.

NOTE DES LIVRES ARRIVÉS AUJOURD'HUY DE LONDRES
POUR LA BIBLIOTHÈQUE.

In-folio.

Seldeni opera. Londini, 1726, 3 voll.

---

1. Les mss. du P. Maldonat sont dispersés dans le fonds latin; l'*Agamemnon* d'Eschyle porte aujourd'hui le n° 2791 du fonds grec; l'*Optat de Milève* est classé sous le n° 1712 du fonds latin.

Alexand. Gordon itinerarium septentrionale. Lond., 1727.
Laurent Echard's the history of England. Lond., 1720.
The works of Bingham. Lond., 1726, 2 voll.

In-quarto.

Newton, *Principia philosophiæ naturalis.* Lond., 1726.
Origenis de oratione liber. Lond., 1728.
Cooke's the works of Hesiode. Lond., 1728.
Altieri, *Dictionnaire anglois et italien;* 2 voll., imparfaits.

In-octavo.

The history of Balearick Islands. Lond., 1726.
Blair's Botanicks Essays. Lond., 1720.
Clarendon's the history of rebellion. Oxford, 1721, 6 voll.
Dodwell's the works abridg'd. Second edition. Lond., 1723.
Derham physico-theology. Seventh edition. Lond., 1727.
— *astrotheology.* Fifth edition. Ibid., 1726.
Beynard's history of cold-bathing. Fifth edition. Ibid., 1722.
Whiston astronomical principles. Ibid., 1725.
The live omitted by Plutarch, by Th. Rowe. Ibid., 1728.
Inquiry into the original of moral virtue. Ibid., 1722.

In-12.

Pope's the Iliad of Homer. Second edition. Lond., 1720, 6 voll.
— *the Odyssey.* Ibid., 1720, 5 voll.
Dryden's the works of Virgil. Fifth edition. Ibid., 1721, 3 voll.
Poems on several occasions, by M. Prior. Lond., 1725.

122. Le 31 dudit, fourni par M. l'abbé Sallier, pour être gardé parmi les papiers de la Bibliothèque, mémoire détaillé des acquisitions qu'il a faites pendant le premier quartier de cette année, consistant en 12 volumes in-folio, 18 volumes in-4° et 126 volumes in-8° et in-12, pour la somme de 321 liv., employée sur les états de dépenses de la Bibliothèque, cy   321 liv.

123. Le 6 avril, acquis par M. l'abbé de Targny, pour la Bibliothèque, un recueil de Déclarations, Édits, Arrests, etc., en 30 portefeuilles, et contenant près de 8,000 feuilles, depuis le 1er septembre 1715 jusqu'à la fin de l'année 1727 inclusivement, pour la somme de 250 liv., payé au vendeur le s^r Du Moutier, cy
                                                                          250 liv.

124. Le 8 dudit, reçu de Strasbourg les Supplémens à l'Histoire de Hubner, avec quelques thèses de peu de conséquence, imprimées en ladite ville et envoyées par le s^r Doulseker.

125. Le 12 dudit, reçu encore de Strasbourg, et envoyé aussy par le même Doulseker :

Boecleri Hermannus suppletus; in-4°.
Déduction des droits de la maison de Birkenfeld sur le duché de Deux-Ponts, in-folio ; ouvrage en allemand.

126. Le 22 dudit, reçu un petit pacquet, venu de Londres, pour la Bibliothèque, contenant quelques *Gazettes* et autres feuilles volantes, qui s'impriment et se débitent journellement en Angleterre, demandées par M. l'abbé Bignon à M. de Chammoret.

127. Le 26 dudit, reçu de M. Le Blond, consul à Venise, une caisse contenant le recueil entier du *Giornale dei Litterati d'Italia*, imprimé à Venise, jusqu'à l'année 1728 exclusivement. Remboursé pour ledit recueil à M. Le Blond 72 liv., et payé pour le port 18 liv.; total cy 90 liv.

128. Le 10 may, arrivé un balot venu de Hollande par Rouen à l'adresse de M. le comte de Maurepas; ce balot envoyé, sur la demande de M. l'abbé Bignon, par M. Laugier de Tassy, commissaire de la marine, et étant actuellement à Amsterdam, et contenant les Gazettes suivantes pour les années 1725, 1726, 1727 et 1728 :

Gazettes *en flamand*, d'Amsterdam	Prix.	22	florins.
—	de la Haye.	22	—
—	de Leide	22	—
—	de Harlem	22	—
Gazettes *françoises* d'Amsterdam		52	—
—	d'Utrecht	52	—
Pour menus frais		2	—
	Total.	194	florins,

faisant, monnoye de France, 402 liv., 4 s., remboursés audit s^r Laugier de Tassy par une lettre de change à luy envoyée et tirée par M. Guymont sur M. Thelusson, d'Amsterdam, cy
402 liv. 4 s.

129. Le 20 dudit, remis pour la Bibliothèque un volume in-4°, broché en carton, contenant un *Journal* curieux de tout ce que le s^r Buvat, ancien écrivain de ladite Bibliothèque, mort le 30° du mois précédent, avoit copié ou écrit depuis qu'il y étoit attaché[1]. Payé pour ledit *Journal* à sa veuve 12 liv., cy 12 liv.

---

1. Cf. plus haut § 11.

130. Le 24 dudit, venu de Nancy pour la Bibliothèque un exemplaire de l'*Histoire de Lorraine*, par Dom Calmet, Bénédictin. A Nancy, chez Cusson, in-fol., 3 voll.

131. Le 30 juin, acquis pour la Bibliothèque, et pour la somme de 320 liv. payées à Dom Martin Bouquet, bibliothécaire de Saint-Germain-des-Prés, les seize premiers volumes in-folio du recueil intitulé : *Scriptores rerum italicarum*, imprimé à Milan, par les soins de M. Muratori, cy   320 liv.

132. Ledit jour, remis par M. l'abbé Sallier parmi les papiers de la Bibliothèque, mémoire de ses acquisitions pendant le second quartier de cette année, consistant en 2 volumes in-folio, 4 volumes in-4°, 25 volumes in-8° et in-12, pour la somme de 51 liv., 2 s., cy   51 liv. 2 s.

133. Le 8 juillet, suivant un bordereau dudit jour, remis par M. Hardion, et resté parmi les papiers de la Bibliothèque, il a été relié pour la bibliothèque particulière du Roy, à Versailles, 138 in-folio, 175 in-4° et 347 in-8° et in-12, etc., faisant en total 660 volumes; lesquels ont coûté, pour l'achat de ceux qui ne se sont pas trouvés parmi les doubles de la Bibliothèque.   2,502 liv.
et pour la reliure, tant desdits doubles que des livres achetés 3,464
Plus pour le transport desdits livres de Versailles à Paris et de Paris à Versailles[1], cy.   106

                                                    Total. 6,072 liv.

Laquelle somme a été payée, tant du produit de la vente de 663 volumes des livres transportés de Versailles, le 7 février dernier, se montant à la somme de . . . . 5,072 liv.
et par une ordonnance sur le Trésor royal de la somme de 1,000

                                                    Total. 6,072 liv.

Par an il en coûte encore au Roy 1,000 liv., cy   1,000 liv.

Nota. Pour numéroter lesdits livres et autres, qui doivent entrer dans ladite bibliothèque particulière du Roy, le sʳ Ladvenant a fait graver deux planches de quarrés qui doivent servir à cet usage.

---

1. Voy. différentes lettres à ce sujet dans le ms. français 22229, fol. 273 et suiv. — Cf. plus haut § 67.

134. Le 10ᵉ dudit, il a été expédié une ordonnance de 600 liv. sur le Trésor royal au profit du sʳ Guérin, antiquaire du Roy à Smyrne, pour trois médailles d'or, deux médailles d'argent et dix médailles de bronze, que ledit sieur a fourni au Cabinet des Médailles pendant le voyage qu'il a fait à Paris en 1725, et neuf médailles de moyen et petit bronze par luy envoyées au mois de juin de cette année, avec six inscriptions grecques peu importantes, trouvées aux environs de Smyrne [1], cy 600 liv.

135. Le 15 dudit, acheté du sʳ de la Chapelle pour la Bibliothèque, et pour la somme de 60 liv., un recueil de Thèses de médecine, soutenues en différens tems dans la Faculté de médecine de Paris; ledit recueil ne faisant aucune suite complette, cy 60 liv.

Il y a un catalogue de ces thèses parmi les papiers de la Bibliothèque.

136. Le 11 aoust, acquis par M. l'abbé de Targny, du sʳ Le Couteux, pour la Bibliothèque, et moyennant la somme de 30 liv., recueil manuscrit des Remontrances faites au Roy par le Parlement de Paris, depuis 1539 jusqu'en 1630, en deux gros volumes in-folio, cy 30 liv.

137. Le 14 dudit, lettre de M. le comte de Maurepas pour faire remettre un recueil des Estampes du Roy à M. le procureur général Joly de Fleury.

138. Le 15 dudit, remis à la Bibliothèque par le sʳ Aubriet vingt-huit feuilles de vélin par luy peintes en migniatures, et représentant des papillons, pour être ajoutées au magnifique recueil des migniatures sur l'histoire naturelle, lequel est parmi les Estampes du Roy [2].

139. Le 10 septembre, remis à la Bibliothèque les trente-cinq feuillets volés et enlevés par le nommé Aimon du fameux manus-

---

1. On trouvera une série de lettres de l'antiquaire Guérin, de Smyrne, relatives à ses découvertes et à ses envois de médailles et d'inscriptions pour le Cabinet du Roi, depuis 1724 jusqu'en 1739, dans le ms. franç. nouv. acq. 5384, fol. 256-291.

2. Il y a plusieurs recueils de ces dessins au Département des Estampes de la Bibliothèque nationale, notamment sous les cotes Ja. 20 et 22. On peut à leur sujet voir une note de Boivin dans ses *Mémoires*, ms. n. a. fr. 1328, fol. 344. Cf. aussi dans l'*Inventaire général des richesses d'art de la France* : Paris, Monuments civils (1889), t. II, p. 116 et suiv., un article de M. H. Stein sur les *Vélins du Muséum*.

crit grec et latin des Épîtres de saint Paul; lesdits feuillets envoyés de Londres par Mylord Oxford et Mortimer, qui les avoit dans sa bibliothèque et qui en a fait généreusement la restitution, à la prière de M. l'abbé Bignon et par l'entremise du comte de Midleton, demeurant à Saint-Germain-en-Laye. Ces feuillets sont reliés dans un petit volume [1].

N. B. Le feuillet numéroté 149 du même manuscrit, qui avoit aussi été volé par le même Aimon, avoit été recouvré en 1720, avec quelques feuillets détachés de la Bible de Charles le Chauve et de quelques autres manuscrits; M. de Boze, qui étoit alors en Hollande, les retira d'entre les mains du s^r Stoch, pour la somme de 500 livres, dont M. de Boze n'a pas encore été remboursé, cy 500 liv.

140. Le 14 dudit, a été déposée à la Bibliothèque par M. Fourmont l'aîné une Grammaire chinoise, in-folio, par luy composée; de quoi il luy a été donné aujourd'hui une reconnoissance par M. l'abbé Bignon. Ladite Grammaire ayant été préalablement estampillée à chaque page des armes de la Bibliothèque et ladite reconnoissance étant à la fin dudit volume broché et contenant 856 pages.

141. Le 15 dudit, acquis par M. l'abbé de Targny, pour la somme de 17 liv., 10 s., un exemplaire de la première édition du *Theatrum prœtensionum illustrium*, in-fol., en allemand, cy
17 liv. 10 s.

Plus une souscription pour l'édition qui se doit faire à Londres de l'Histoire latine de M. de Thou, pour le premier payement de laquelle il a donné 144 liv., cy 144 liv.

142. Le 18 octobre, remis à la Bibliothèque les 17 volumes in-fol., grand papier, de la nouvelle édition des *Actes* de Rymer, et payé au s^r Martin, libraire, pour ce qui restoit dû de la souscription et pour les frais, la somme de 984 liv., cy 984 liv.

Laquelle somme jointe à celle de 240, payée par M. l'abbé Sallier à la fin de l'année dernière, fait en total 1,224 liv.

143. Le 6 novembre, est mort le s^r Louis Ladvenant, garde des Estampes et planches gravées de la Bibliothèque. Il étoit

---

1. Ms. grec 107 A. — Sur le vol d'Aymon, voy. L. Delisle, *Cabinet des manuscrits*, t. I, p. 329-332, et t. III, p. 369; ainsi que le curieux chapitre que lui a consacré M. B. Hauréau, *Singularités historiques et littéraires* (1861), p. 286 et suiv.

aussi chargé de la distribution des peaux de maroquin pour la reliure des livres, et du soin de faire fournir à Mrs de la Bibliothèque, gratis, par quartier, le papier, encre, plumes, cire et autres provisions nécessaires. A sa mort, le s^r Jourdain a été chargé par M. l'abbé Bignon de tout ce détail, et il en doit tenir deux registres exacts, l'un pour la distribution du maroquin et des vélins, l'autre pour les fournitures de chaque quartier. Il sera fait doresnavant mention dans le présent registre du nombre des reliures qui auront été faites à la fin de chaque année, et de ce qu'elles auront coûté.

144. Le 8 dudit, lettre de M. le comte de Maurepas pour faire remettre à M. le prince Charles un recueil des Estampes du Roy pour Mme la duchesse de Cadaval en Espagne.

145. Le 13 décembre, reçu pour la Bibliothèque le premier balot venu des Indes par les vaisseaux de la Compagnie, en conséquence des correspondances que M. l'abbé Bignon avoit commencé d'y établir, dès le 13 novembre 1727, en envoyant à Pondichéry et à Canton des mémoires détaillés des livres à rechercher dans les Indes et à la Chine, lesquels mémoires avoient été recommandés par M. le controlleur général Pelletier des Forts à Mrs de la Compagnie des Indes. Ce premier balot a été envoyé par le R. P. Le Gac, supérieur des missions de la Compagnie de Jésus à Pondichéry, et contient :

1. Une Bible, en malabare ou tamoul.
2. Un Nouveau Testament, idem.
3. Une Instruction pour la Cène, idem. — Ces trois volumes imprimés par les ministres danois à Trinquebar, sur la côte de Malabar.
4-5. Les deuxième et troisième tomes du grand Catéchisme du P. de Nobilibus, fondateur de la mission de Madurey. — Ces deux volumes sont imprimés.
6. Un autre livre, écrit à la main sur du papier, appelé le *Ramayenam*, ou histoire fabuleuse de Ramen.
7. Un livre écrit sur des feuilles de palmier, nommé le *Vicramarquen Cadey*, autre histoire fabuleuse.
8. Le même livre, écrit sur du papier.
9. Une Grammaire, en tamoul.
10. Une Grammaire, en talanga.
11. Un livre appelé le *Candapouranam Cadey*, qui est l'histoire de Soupranien.
12. Un autre, appelé *Chillira Cadey*, ou fables à l'imitation de celles d'Ésope.

Le 14 dudit, remis tous les susdits livres à M. Fourmont l'aîné pour en faire, s'il est possible, des notices plus circonstanciées.

146. Le 20 dudit, on a commencé à mettre le soir des chandeles allumées dans les escaliers et les corridors de la Bibliothèque pour éclairer pendant la nuit.

ANNÉE 1730.

147. Le 10 janvier, remis à la Bibliothèque les trois volumes in-folio des *Mémoires* de M. de Boullainvilliers, lesquels se sont trouvés à la Chambre syndicale des libraires, à l'adresse de M. l'abbé Bignon, sans autre avis.

148. Le 11 dudit, remis *idem* les livres suivants, saisis par la Chambre syndicale, et dont il a été réservé un exemplaire pour la Bibliothèque par ordre de M. le Garde des sceaux[1] :

État de l'homme dans le péché originel. 1714, in-12.
Histoire de la papesse Jeanne; 2ᵉ édition. La Haye, 1720, in-12, 2 voll.
Recherches sur la nature du feu de l'Enfer. Amsterdam, 1728, in-8º.
Le Conte du tonneau, traduit de l'anglois. La Haye, 1721, in-12.
Mémoires pour servir à l'histoire de la Calotte. Basle, 1725, in-12, 2 voll.
Mamoud, histoire orientale, par le sʳ Melon. Rotterdam, 1729, in-8º.

149. Ledit jour, apporté à la Bibliothèque une cassette venue de la Chine, par les vaisseaux de la Compagnie des Indes, à l'adresse de M. l'abbé Raguet, auquel il a été remboursé pour les frais de port 22 liv., cy .... 22 liv.

150. Le 12 dudit, deux Pères Jésuites, accompagnés de M. Fourmont l'aîné, sont venus à la Bibliothèque pour retirer ce qu'il y avoit dans la cassette susdite venue de la Chine. Lesdits Pères en ont emporté diverses curiosités, et M. Fourmont en a retiré différens papiers à luy adressés par le P. de Prémare[2], Jésuite, mission-

---

1. L. Delisle, *Cabinet des manuscrits*, t. I, p. 368-369. — Cf. plus loin les §§ 149 et 150.
2. On trouvera des lettres du P. de Premare et de l'abbé Bignon, adressées à Fourmont à l'occasion de ces envois de livres chinois et de manuscrits de l'Inde, dans le ms. français 15195 de la Bibliothèque nationale. — Cf. plus loin § 247.

naire à Canton, parmy lesquels étoit un écrit intitulé : *Notitia linguæ Sinicæ ;* avec quelques pacquets d'encre de la Chine. Et ledit s^r Fourmont, en emportant ces papiers, a dit qu'il les garderoit pour la Bibliothèque du Roy.

151. Le 19 dudit, donné par M. l'abbé Bignon un exemplaire des *Tusculanes* de Cicéron, traduites par M. d'Oby, avocat général du Grand Conseil, lequel a fait imprimer cette traduction sans permission ni privilège, et on n'en a tiré qu'un très petit nombre.

152. Le 3 février, donné *idem* :
Senatus Consultum de Bacchanalibus, etc., in-folio, imprimé à Naples, et reçu sans autre avis, mais envoyé suivant les apparences par ordre de M. le chevalier Garelli, bibliothécaire de l'Empereur.

153. Le 6 dudit, envoyée par M. le comte de Maurepas, pour être jointe aux autres papiers de la Bibliothèque, une expédition en forme de l'Inventaire de ladite Bibliothèque, fait en 1719, 1720, etc.

154. Le 25 dudit, M. l'abbé Bignon a déclaré que M. l'abbé de Chancey avoit été nommé pour succéder au feu s^r Ladvenant, garde des planches et estampes de la Bibliothèque [1].

155. Le 3 mars, remis par M. Anisson, imprimeur du Roy, deux exemplaires de la nouvelle édition in-16, faite au Louvre, des *Fables de Phèdre,* l'un en parchemin, l'autre en papier, tous deux reliés en maroquin bleu, l'exemplaire en parchemin avec des fermoirs d'or [2].

156. Le 12 dudit, lettre de M. le comte de Maurepas pour faire remettre un recueil des Estampes du Roy pour M. de Fourqueux, procureur général de la Chambre des comptes.

157. Le 13 dudit, donné par M. l'abbé Sallier, et remis à M. l'abbé de Targny, un roulleau en vélin, contenant le traité d'Arras de 1434 et 1435, avec l'Histoire de la prise de Constantinople [3].

158. Le 15 dudit, envoyé pour la Bibliothèque par M. Gautheron, secrétaire de la Société royale de Montpellier, environ

---

1. Voy. plus bas le § 330.
2. Vélins, n° 2375. Cf. Van Praet, *Catalogue des livres imprimés sur vélin de la Bibliothèque du Roi* (1822), t. IV, p. 238.
3. Ms. franç. 6487.

130 thèses de médecine, soutenues dans la Faculté de médecine de cette ville, lesquelles luy avoient été demandées par M. l'abbé Bignon; ces thèses ne forment aucune suite complète.

159. Le 16 dudit, on a commencé à transporter les livres imprimés de la Bibliothèque, qui étoient dans différents appartements, sur des tablettes détachées, dans deux galeries et le salon où on avoit disposé les belles tablettes qui y sont aujourd'huy; le transport, suivant un mémoire de M. l'abbé Sallier, n'a coûté que 53 liv., cy 53 liv.

160. Le 31 dudit, remis par M. l'abbé Sallier mémoires d'acquisitions par luy faites, tant pendant les six derniers mois de l'année 1729 et pendant les trois premiers mois de cette année 1730, consistant en 10 volumes in-folio, 11 volumes in-4º et 72 volumes in-8º et in-12, dont quelques-uns manuscrits, pour la somme de 300 liv., cy 300 liv. employée dans les états de dépenses de la Bibliothèque.

161. Audit jour, lettre de M. le comte de Maurepas pour faire remettre un recueil des Estampes du Roy à la Bibliothèque de Sorbonne.

162. Audit jour, a été expédiée au profit du sr Mercier, relieur de la Bibliothèque, une ordonnance de 4,126 liv., 4 s., tant pour la reliure, en maroquin et en veau, de sept recueils d'Estampes, dont le Roy a fait des présens, depuis le 10 aoust 1728, que pour quelques reliures qu'il a faites pour la bibliothèque particulière du Roy à Versailles, dont les mémoires sont parmy les papiers de la Bibliothèque, cy 4,126 liv. 4 s.

163. Le 2 may, payé pour la souscription du premier volume du *Dictionnaire de la Crusca*, nouvelle édition imprimée à Florence, la somme de 44 liv., 6 s.; laquelle souscription, prise, à la prière de M. l'abbé Bignon, par M. le marquis de la Bastie, envoyé extraordinaire du Roy à Florence [1]. Ce premier volume avoit déjà été envoyé et reçu à la Bibliothèque dès le 6 février dernier; le port en a coûté 16 liv., 10 s.; total, cy 56 liv. 16 s.

164. Le 12 dudit, arrivé à la Bibliothèque cinq grandes caisses venues de Constantinople par Marseille et par Lyon, contenant les manuscrits grecs, arabes, turcs, arméniens, etc., rassemblés et achetés à Constantinople par M. l'abbé Sevin [2].

---

1. Il y a différentes lettres du marquis de la Bastie à l'abbé Bignon dans le ms. français 22230, fol. 52-192, de la Bibliothèque nationale.
2. Cf. plus haut § 103.

SOUS LOUIS XV (1730). 47

165. Audit jour, arrivé par la même route un balot contenant 150 peaux de maroquin rouge, faisant partie de 1,200 peaux envoyées d'Alep par M. Peleran, suivant les ordres de M. le comte de Maurepas. Le feu ayant pris, dans le port de Marseille, au vaisseau sur lequel étoient ces 1,200 peaux, on n'en a pu retirer que ces 150. Ledit balot et les cinq caisses cy-dessus ont coûté pour le port et autres frais 641 liv., 3 s., 6 d., cy
641 liv. 3 s. 6 d.

166. Audit jour, reçu un autre balot venu de Lisbonne par Rouen et contenant des livres portugais, demandés par M. l'abbé Bignon et envoyés pour la Bibliothèque par le s^r Rochefort, graveur du roy de Portugal.

NOTE DESDITS LIVRES.

Vida de D. Nuño Alvares, fol.
Supplément au Dictionnaire portugais et latin du Père Bluteau, fol., 2 voll.
Traité de fortifications, de M. Azevedo de Fortes, en portugais, fol., 2 voll.
Ferreira, *Historia d'España*, 4°, 15 voll. reliés.
Antonio Gallo, *Regimento militar*, 4°.
Bonuccii, *Epitome chronologico*, 4°.
Zabaletta, *Opera*, 4°.

Plus, dans le même balot s'est trouvé le premier volume in-folio de la copie d'une partie de l'*Histoire des conquestes et des guerres des Portugais aux royaumes de Congo, Angola, Benguela, etc.*[1]; laquelle copie avoit été demandée par M. l'abbé Bignon, à la sollicitation de M. l'abbé Le Grand, qui en avoit vu l'original dans la bibliothèque de M^{rs} les comtes d'Ericeira, et qui faisoit un grand cas de cet ouvrage. Les susdits livres, sans compter le volume de copie, ont coûté d'achat 170 liv., et de port 16 liv., 4 s., cy   186 liv. 4 s.

167. Le 16 dudit, transportés des livres manuscrits dans la galerie de l'hôtel de la Compagnie des Indes, à la place des imprimés qui en avoient été ôtés le 16 mars dernier. Payé pour ce transport 4 liv., 4 s., cy   4 liv. 4 s.

168. Le 17 juin, fourni par le s^r Heuqueville à la Bibliothèque

---

1. Bibliothèque nationale, mss. portugais 44-46.

9 voll. in-folio, 3 voll. in-4º et 93 in-8º et in-12, pour la somme de 178 liv., laquelle luy a été remboursée en livres doubles, cy

178 liv.

Il y a un état de ces livres parmi les papiers de la Bibliothèque.

169. Le 20 dudit, remis [par Dom Bouquet] les tomes XVII et XVIII in-folio des *Scriptores rerum Italicarum*, avec un ouvrage in-4º intitulé : *In dissertationem Italiæ medii ævi;* payé la somme de 46 liv., cy 46 liv.

170. A la fin du présent mois, fourni par M. l'abbé Sallier, parmy les papiers de la Bibliothèque, un mémoire d'achat de livres pendant le second quartier de cette année, consistant en 2 voll. in-folio, 7 voll. in-4º, 55 voll. in-8º, etc., pour la somme de 94 liv., 8 s., cy 94 l. 8 s. employées dans les états de dépenses de la Bibliothèque.

Depuis le mois de may jusqu'audit mois de juin, acquis encor par M. l'abbé Sallier pour la Bibliothèque du Roy, tant à la vente de la bibliothèque de M. le président Lambert que de quelques libraires, 33 volumes in-folio, 20 volumes in-4º, 58 volumes in-8º, etc., pour la somme de 1,500 liv., qui lui a été remboursée sur ordonnance particulière, cy 1,500 liv.

Et ledit sr abbé Sallier a remis les mémoires détaillés de ces acquisitions parmi les papiers de la Bibliothèque.

171. Le 4 juillet, remis à la Bibliothèque par M. de Fourqueux, procureur général de la Chambre des comptes, un volume in-4º, manuscrit, relié en velours rouge, intitulé : *Cartulaire de Philippe-Auguste*, légué à ladite Bibliothèque par feu M. Roüillé du Coudray, conseiller d'État ordinaire, lequel l'avoit eu de M. de Herouval[1]. Le Roy, en considération de ce présent, a accordé à M. de Fourqueux un recueil de ses Estampes.

172. Ledit jour, reçu pour la Bibliothèque quelques livres en bas-breton, envoyés de Morlaix par le P. de Rostrenen, Capucin[2],

---

1. Registre *D.* de Philippe-Auguste, ms. latin 10915, aujourd'hui déposé aux Archives nationales. Cf. L. Delisle, *Catalogue des actes de Philippe-Auguste* (1856), p. xiii-xiv.

2. Cf. plus loin § 267. — En même temps qu'il correspondait avec le P. Grégoire de Rostrenen (Bibl. nat., ms. français 22233, fol. 60-80; cf. fol. 274), l'abbé Bignon entretenait aussi dans le même but un commerce de lettres suivi avec M. Deslandes, contrôleur de la marine à Brest (ms. français 22228, fol. 1-64).

à la prière de M. l'abbé Bignon; payé pour l'achat et le port 15 liv., 4 s., cy   15 liv. 4 s.

173. Le 10 dudit, arrivé à la Bibliothèque quatre balots venus d'Alep, par Marseille et Lyon, contenans les 800 peaux de maroquin rouge, restantes du nombre de 2,000 peaux que M. le comte de Maurepas avoit donné ordre à M. Peleran, consul d'Alep, d'envoyer pour ladite Bibliothèque. Ces quatre balots ont coûté pour le port et autres droits   860 liv. 10 s. 6 d.

174. Le 11 dudit, lettre de M. le comte de Maurepas pour faire remettre un recueil des Estampes du Roy à M. le garde des sceaux Chauvelin.

175. Audit jour, autre lettre du même pour faire remettre à M. de Chabannes, major du régiment des gardes françoises, un recueil des Estampes des Conquestes du Roy.

176. Le 15 dudit, remis à M. l'abbé de Targny pour la Bibliothèque, par le s^r Noel, trois volumes manuscrits in-folio, contenant près de mille lettres originales du ministère de Charles IX et de Henri III. Le s^r Noel estime ces trois manuscrits fort cher[1].

177. Le 21 dudit, reçu un petit balot venant de Smyrne, par Marseille, envoyé à la Bibliothèque par le s^r Guérin, antiquaire du Roy, et contenant :

Les *Œuvres de saint Basile;* manuscrit grec in-folio en parchemin et d'une bonne antiquité.

Les *Canons des anciens Conciles;* manuscrit grec en papier, in-4°.

Les *Épîtres de Photius;* manuscrit grec en papier, in-8°.

Un *Lectionnaire* latin ancien, en parchemin, grand in-4°.

Un fragment des *Évangiles*, en grec, en parchemin, in-8°.

Payé pour le port dudit balot 13 liv., 7 s., cy   13 liv. 7 s.

178. Ledit jour, reçu de Strasbourg un petit balot, envoyé par Doulseker, contenant quelques thèses de peu d'importance, avec les tomes VII et VIII de la traduction latine des œuvres de Bingham. Payé pour le port, 8 liv., 7 s., cy   8 liv. 7 s.

179. Le 19 aoust, reçu quelques livres des Chrétiens de Saint-Thomas dans l'Inde, envoyés sur les vaisseaux de la Compagnie par M. Le Noir, commandant général à Pondichéry. Lesdits livres ont été remis sur-le-champ à M. Fourmont l'aîné par M. Bignon, sans en prendre note[2].

---

1. Voy. L. Delisle, *Cabinet des manuscrits*, I, 379.
3. Cf. plus loin § 219.

180. Le 20 dudit, M. le cardinal de Fleury est venu à la Bibliothèque avec M. le duc d'Antin et M. le comte de Maurepas. Son Éminence a examiné le plan des nouveaux ouvrages qui restent à faire et il a été décidé qu'on bâtiroit le sallon des Globes derrière l'avant-corps du bâtiment neuf.

181. Le 5 septembre, remis à la Bibliothèque les livres manuscrits vendus au Roy par le chapitre de Saint-Martial de Limoges, pour la somme de 5,000 liv., cy   5,000 liv.

Il y a un catalogue imprimé de ces manuscrits, lesquels sont au nombre de 200 [1].

182. Le 30 dudit, remis par M. l'abbé Sallier un mémoire des acquisitions par luy faites pendant le troisième quartier de la présente année, consistant en 3 volumes in-folio, 5 volumes in-4°, 13 volumes in-8° et in-12, etc., pour la somme de 126 liv., employée dans les états de dépenses de la Bibliothèque, cy 126 liv.

183. Le 10 octobre, remis par M. l'abbé de Chancey parmi les papiers de la Bibliothèque la copie d'un état des dépenses faites par ledit sieur pour le Département des Estampes, se montant à la somme de 1,868 liv., 17 s.; ledit état daté de l'Islebelle, du 6 du présent mois, et signé *bon* par M. l'abbé Bignon, cy
     1,868 liv. 17 s.

184. Le 24 dudit, reçu un balot de livres, venu de Pétersbourg par la Hollande et par Rouen, et envoyé pour la Bibliothèque par M. de Lisle l'astronome, à présent à Pétersbourg, par permission du Roy [2]. Payé à M. d'Onzenbray, pour frais de port jusqu'en Hollande, 34 liv., 16 s., et pour frais de port de Hollande à Paris, 15 liv., 14 s.; total, cy   50 liv. 10 s.

NOTE DES LIVRES ENVOYÉS DE PÉTERSBOURG PAR M. DE LISLE.

Les tomes I et II des *Mémoires de l'Académie de Pétersbourg*, en latin, in-4°, 2 voll.

Le tome Ier desdits *Mémoires*, en russe.

Tomes I, II et III des *Centuries de plantes rares*, in-4°, en latin, avec figures, 3 voll.; les deux premières Centuries avec figures enluminées.

---

1. *Bibliotheca insignis et regalis ecclesiæ Sanctissimi Martialis Lemovicensis, seu Catalogus librorum manuscriptorum qui in eadem bibliotheca asservantur.* (Paris, 1730, in-8°, 27 p.) — Cf. L. Delisle, *Cabinet des manuscrits*, t. I, p. 387-397.

2. Il y a différents documents relatifs à ces acquisitions de livres en Russie dans le ms. français 22231, fol. 84-98.

Discours prononcés dans trois assemblées publiques de ladite Académie, in-4°, broch.

Les trois premières parties des *Élémens de mathématiques*, en françois, in-8°, 3 voll.

Idem, en russe.

Abrégé de l'histoire, en allemand, in-8°.

Gazettes de Pétersbourg, en allemand, années 1728 et 1729, in-4°.

Idem, en russe.

Supplément à la Gazette de Pétersbourg pour l'année 1729, en allemand.

Idem, en russe.

Règlement des changes, en allemand et en russe, in-8°.

Plusieurs poésies en latin et en allemand sur le couronnement du feu czar Pierre II.

Dernier traité de limites entre le sultan Eschref et la Russie, en russe et en allemand, broch., in-folio.

Almanach de Pétersbourg pour l'année 1730, en russe, in-8°.

185. Le 26 dudit, payé pour le port de deux nouvelles caisses venues de Constantinople par Marseille et Lyon, contenant des manuscrits envoyés dudit lieu par M. l'abbé Sevin, la somme de 155 liv., 5 s., cy   155 liv. 5 s.

186. Le 23 décembre, arrêté à Versailles par M. le comte de Maurepas, de l'ordre du Roy, l'inventaire et le catalogue des nouveaux livres de la bibliothèque particulière de Sa Majesté, telle qu'elle est actuellement.

187. Le 31 dudit, remis par M. l'abbé Sallier parmi les papiers de la Bibliothèque le mémoire détaillé des livres qu'il a acquis pendant le dernier quartier de cette année, consistant en 2 voll. in-folio, 9 voll. in-4°, 21 voll. in-8°, etc., pour la somme de 89 liv., 8 s., employée dans les états de dépenses de ladite Bibliothèque, cy   89 liv. 8 s.

188. Pendant la susdite année 1730, il a été relié pour la Bibliothèque du Roy à Paris 294 volumes in-folio, 341 volumes in-4°, et 961 volumes in-8°, in-12, etc.; total, 1,596 volumes.

Pour la bibliothèque particulière de Sa Majesté, à Versailles, relié pendant ladite année 8 volumes in-folio, 19 in-4°, 18 in-12; total, 45 volumes.

Pour lesquelles reliures il a été payé sur les états de dépenses de la Bibliothèque, tant au s^r Mercier qu'au s^r Heuqueville, la somme de 1,978 liv., 5 s.

ANNÉE 1731.

189. Le 25 février, transportés à la Bibliothèque les manuscrits de feu M. le premier président de Mesmes[1], acquis de mesdames de Lorges et d'Ambre, ses héritières, pour la somme de 12,000 liv., cy   12,000 liv.

Ces manuscrits sont au nombre de 642, dont le catalogue est parmy les papiers de la Bibliothèque; il en a été fait une distraction de 229 volumes pour le Dépost des Affaires étrangères, au Louvre, lesquels ont été remis, le 22 de ce mois, à M. Le Dran, qui en a donné son récépissé.

190. Le 5 mars, envoyé de Versailles une expédition, signée de M. Mesnard de Cleile, de l'inventaire ou catalogue des livres dont est actuellement composée la bibliothèque particulière du Roy à Versailles, pour être joint aux papiers de la Bibliothèque[2].

191. Le 6 dudit, donné par M. l'abbé Bignon deux exemplaires, l'un in-4º, en deux volumes, et l'autre in-12, en quatre volumes, de la nouvelle édition de l'*Histoire de Genève*, présent à luy fait et envoyé par les s^{rs} Fabri et Barillot, libraires de Genève[3].

192. Le 20 dudit, payé au s^r Osmont, libraire de Paris, pour cinq volumes in-folio, savoir :

Histoire de Dauphiné, par M. de Valbonnais, 2 voll.   30 liv.
Van Espen Opera, 3 voll.   45 liv.

achetés chés ledit s^r Osmont en 1723 par M. l'abbé de Targny et non encor payés ; cy, total   75 liv.

193. Pendant les trois premiers mois de cette année, acquis par M. l'abbé Sallier, à la vente des livres du s^r Terry Athlone[4], faite chez le s^r Martin, libraire, 8 voll. in-folio, 19 voll. in-4º, 26 voll. in-8º, etc., pour la somme de 200 liv., pour laquelle ledit s^r abbé Sallier a été employé sur les états de dépenses de la Bibliothèque, cy   200 liv.

Le mémoire détaillé de ces livres est parmy les papiers de la Bibliothèque.

---

1. Voy. L. Delisle, *Cabinet des manuscrits*, t. I, p. 397 et suiv.
2. Cf. plus haut § 186.
3. C'est l'*Histoire de Genève* de J. Spon.
4. Voy. L. Delisle, *Cabinet des manuscrits*, t. I, p. 407.

SOUS LOUIS XV (1731). 53

Plus, acquis pendant lesdits trois premiers mois de cette année par le même M. l'abbé Sallier, de différens libraires ou particuliers, 5 voll. in-folio, 41 voll. in-4°, 69 voll. in-8°, etc., dont les mémoires sont aussi parmi les papiers de ladite Bibliothèque, pour la somme de 247 liv., employée sur les états de dépenses de ladite Bibliothèque, cy   247 liv.

194. Le 28 avril, remis à la Bibliothèque par le s^r Roussy, graveur des sceaux de France, cinq fers à dorer les livres reliés, par luy gravés aux armes du Roy, avec les colliers des ordres, entourés d'une simple cordelière, savoir :

Un grand fer pour les plus grands volumes.
Un moindre pour les volumes in-folio.
Un troisième pour les in-4°.
Un quatrième pour les in-8°.
Un cinquième pour les in-12.

Payé audit s^r Roussi audit jour la somme de 500 liv., cy
    500 liv.

195. Le 2 may, acheté chez Cavelier, libraire, *Æliani historia varia*, grec-latin, imprimé à Amsterdam, in-4°, 2 voll., grand papier, et payé 35 liv., cy   35 liv.

196. Le 4 dudit, reçu de Basle, par la poste, un petit imprimé en allemand contenant quelques pièces du procès intenté à M. le diacre Weststein, ministre de cette ville, pour prétendue cause de Socinianisme.

197. Le 8 may, expédié une ordonnance au s^r Coulon, ébéniste, [de] 696 liv. pour 39 fauteuils de canne et 4 écritoires d'ébène garnies, par luy fournis à la Bibliothèque et être remis dans les galleries, cy   696 liv.

198. Le 25 dudit, acquis les livres suivants, payés à Dom Bouquet, bibliothécaire de Saint-Germain-des-Prés :

Muratori, t. XIX.	20 liv.	»» s.
Mezzabarba, nouvelle édition, in-fol., gr. pap. . . .	45	»»
Orsi, *Dissertatio de absolutione*, in-4°	4	»»
— *De invocatione Spiritus Sancti*, in-4°. . . .	3	10
— *Dissertatio apologetica*, in-4°	4	»»
Saxius, *De studiis Mediolanensibus*, in-8°	3	»»
Castelvetro, *Opere inedite*, in-4°	6	»»
Lettera contra la storia Romana di Catrou . . .	1	10
Cy.	87 liv.	»» s.

199. Le 19 juin, reçu de Strasbourg quelques choses et quelques catalogues de livres envoyés par Doulseker.

200. Le 30 dudit, reçu de Londres, par Calais, une caisse et un pacquet de livres pour la Bibliothèque envoyés par M. de Chammoret, lesquels ont coûté de port, tant de Londres à Calais que de Calais à Paris, 29 liv., 17 s., cy .... 29 liv. 17 s. dont 16 liv., 16 s. ont été payés à M. de Selle, trésorier général de la marine à Paris, pour en faire le remboursement au s^r de Châteauneuf, trésorier de la marine à Calais. Ladite caisse contenait toutes les *Transactions philosophiques* de la Société royale de Londres, qui manquoient à la Bibliothèque depuis les premières années jusqu'à présent, et que M. l'abbé Bignon avoit prié M. Hans Sloane de lui faire chercher.

Plus, *Antiquitates Oxonienses*, edidit Th. Hearnius, in-8°, 2 voll., envoyé en présent par M. Hans Sloane à M. l'abbé Bignon, qui les donne à la Bibliothèque.

Le susdit pacquet contenoit un recueil de l'ouvrage périodique intitulé : *The present State of Republik of letters*, années 1728 (non compris le mois d'avril), 1729, 1730 et 1731, jusqu'au mois de may inclusivement.

Plus, *Historia litteraria*, depuis le nombre I jusqu'au nombre XII, avec quelques *Monthly Catalogues* ou *Monthly Cronicles*.

201. Audit jour, reçu de Marseille, par Lyon, une caisse envoyée de Florence par M. le marquis de la Bastie pour la Bibliothèque, contenant :

Tome II du *Dictionnaire de la Crusca*, in-fol., grand papier.
Tome I de la traduction du *Commentaire d'Eustathe sur Homère*, par le P. Politi, des Écoles Pies, in-fol., petit papier.

Payé pour le port 23 livres, ce qui, joint à 88 liv., 17 s., 9 d. remboursés dès le 2 du présent mois à M. Bonfils pour les souscriptions que ledit sieur marquis de la Bastie a prises de ces deux tomes ainsy que du tome II d'Eustathe, fait en total cy
.... 112 liv. 2 s. 9 d.

202. Plus, audit jour, reçu deux caisses venues de Constantinople par Marseille et Lyon. L'une desdites caisses contenoit environ cent exemplaires de Grammaires françoises et turques, imprimées à Constantinople et demandées à M. de Villeneuve, ambassadeur du Roy, par M. le comte de Maurepas, pour l'usage des Enfans de langue de Paris. Lesdites Grammaires devant rester à la Bibliothèque pour être distribuées sur les ordres particuliers dudit seigneur comte de Maurepas[1].

L'autre caisse contenant le reste des manuscrits acquis par M. l'abbé Sevin pendant son séjour à Constantinople.

Payé pour le port des deux caisses cy-dessus, 78 liv., 11 s., 9 d.

203. Audit jour, remis par M. l'abbé Sallier le mémoire des acquisitions par luy faites pour la Bibliothèque dans le second quartier de la présente année, consistant en 19 voll. in-fol., 30 voll. in-4° et 43 voll. in-8°, etc., pour la somme de 290 liv., 7 s., employée dans les états de ladite Bibliothèque, cy 290 liv. 7 s.

204. Le 28 dudit, un des grands-vicaires de M. l'archevêque de Paris est venu visiter la nouvelle chapelle de la Bibliothèque, qu'on a mise dans une salle, à côté précisément du petit escalier; M. l'Archevêque n'a pas donné de nouvelle permission d'y dire la messe; il a cru apparemment que celle de M. le cardinal de Noailles suffisoit.

205. Le 10 juillet, lettre de M. le comte de Maurepas pour faire remettre un recueil des Estampes du Roy à M. le cardinal Maffei, cy-devant nonce en France.

206. Audit jour, expédié au profit du s[r] Mercier, relieur, une ordonnance sur le Trésor royal de 3,396 liv., pour les relieures par luy faites, tant des livres de la Bibliothèque de Paris que de celle de Versailles, pendant le dernier quartier de 1730, pour lesquels il n'avoit pas été employé sur les états de dépenses et pendant le premier quartier de la présente année, comme aussy pour la relieure de trois recueils d'Estampes donnés par le Roy pendant ladite année 1730, sçavoir : à M. de Fourqueux et à la bibliothèque de Sorbonne, en veau; et à M. le garde des sceaux Chauvelin, en maroquin, cy 3,396 liv.

207. Le 30 dudit, reçu pour la Bibliothèque une caisse venue de Pondichéry par les vaisseaux de la Compagnie des Indes, contenant de nouveaux livres indiens, envoyés en 1730 par les PP. Jésuites de Pondichéry, et arrivés seulement audit jour[2].

---

1. Sur ces grammaires turques, voyez plusieurs lettres du comte de Maurepas à l'abbé Bignon dans le ms. nouv. acq. franç. 5384, fol. 184-195.
2. Cf. plus haut §§ 145 et 179, et plus loin §§ 219-220, 266 et 337.

NOTE DESDITS LIVRES.

1. Le premier tome du Grand Catéchisme du P. de Nobilibus, en malabare, écrit à la main sur du papier.
2. Le *Guana Moarchi*, livre pour donner la retraite spirituelle.
3. Le *Veda Velaccam*, livre de controverse contre les hérétiques de Trinquebare.
4. Le Dictionnaire tamoul et portugais.
5. Le Dictionnaire portugais et tamoul.
6. Le Dictionnaire telanga et françois.
7. Le *Satia* ou *Badecham*, ou Grand Catéchisme, en telanga.
8. Le *Vemmaña Padialou*, proverbes ou sentences de Vemmanen, en telanga.
9. Le *Rommangada Charittiram*, ou institution des fêtes que les Gentils appellent *Ecadachi*.
10. Le *Vicramana Charitralou*, en telanga, ou l'histoire du trône de Bommajarou.
11. Le *Veda parricoha*, en telanga, ou réfutation de la religion des Gentils.
12. Le *Trouveij prasangalou*, en telanga, ou les vingt discours sur les vertus chrétiennes.
13. Nouvelle Grammaire, en tamoul.
14. Le *Mahabâratam*, qui traite de l'histoire de Darmaraïen.
15. Le *Bagavatam*, ou métamorphose de Vichnou et Chrisnen.
16. Le *Panjatantri Cadey*, livre de fables.
17. Le Dictionnaire telanga et samouscredam.
18. Le *Rougouvedam*, en trois livres, écrits sur des feuilles de palmier.

Tous les susdits livres remis à M. Fourmont l'aîné, après en avoir pris la note cy-dessus.

208. Au mois de juin et présent mois de juillet, acquis par M. l'abbé Sallier pour la Bibliothèque à la vente de la bibliothèque de feu M. Geofroy, médecin, 42 volumes in-folio, 52 in-4°, 215 in-8°, etc., pour la somme de 1,500 liv., dont ledit sieur a été remboursé sur une ordonnance particulière au Trésor royal, cy   1,500 liv.

Mémoire desdites acquisitions parmi les papiers de ladite Bibliothèque.

209. Le 7 août, M. l'abbé Sevin est arrivé à Paris, de retour de son voyage à Constantinople.

210. Le 11 dudit, remis à la Bibliothèque par M. l'abbé d'Olivet, de l'Académie françoise, un manuscrit latin, petit in-4°, en papier, intitulé : *Dissertatio de imbecillitate mentis humanæ*, qu'on prétend être écrit de la propre main de feu M. Huet, évêque d'Avranches[1]. Ledit sr d'Olivet en a demandé à M. l'abbé Bignon un recépissé, qui luy a été expédié cejourd'huy.

211. Le 28 septembre, transporté à la Bibliothèque le cabinet ou recueil de livres d'estampes de feu M. de Beringhen, premier écuyer du Roy[2]; lequel recueil a été vendu à Sa Majesté par M. l'évêque du Puy, fils dudit M. de Beringhen, pour la somme de 60,000 liv., cy   60,000 liv.

Il y a un catalogue imprimé de ces estampes[3].

212. Le 30 dudit, remis par M. l'abbé Sallier mémoire des acquisitions par luy faites pour la Bibliothèque pendant le troisième quartier de la présente année, consistant en 4 voll. in-fol., 28 voll. in-4° et 36 voll. in-8°, etc., pour la somme de 150 liv., employée sur les états de dépenses de ladite Bibliothèque, cy

                                                              150 liv.

213. Le 7 décembre, on a commencé à mettre des rideaux de taffetas cramoisy dans les nouvelles galeries de la Bibliothèque; c'est le Garde-Meuble qui en a fait la dépense[4].

214. Le 13 dudit, acheté de la veuve de M. Palaprat une figure antique de bronze, représentant Mercure, de la hauteur d'environ six poulces, avec un socle de cuivre et un petit pied d'estal de marbre, etc., pour la somme de 100 livres, cy   100 liv.

On assure que cette figure fut trouvée, en 1704, dans les démolitions de Verceil, et portée à M. le duc de Vendôme, qui en fit présent à M. Palaprat.

215. Le 22 dudit, lettre de M. le comte de Maurepas pour faire remettre au sr d'Hermand, ingénieur, les nouvelles estampes qu'il demande et dont il a fourni un mémoire joint à ladite lettre.

216. Le 31 dudit, reçu pour la Bibliothèque un gros balot, venu de Rotterdam par Rouen, et envoyé par les srs Van der Aa,

---

1. Bibliothèque nationale, ms. latin 6682.
2. Voy. vicomte H. Delaborde, *le Département des Estampes à la Bibliothèque nationale* (1875), p. 54-58.
3. *Cabinet d'estampes de feu Mr le Premier* (S. l. n. d.), in-4°, de 18 pages. Il y en a un exemplaire relié à la suite de l'inventaire ms. de la collection au Cabinet des Estampes, sous la cote Y° 21.
4. On trouvera au fol. 54 du ms. français 22245 la minute d'un « Mémoire sur les toiles des Indes pour des rideaux aux croisées de la Bibliothèque du Roy » (2 déc. 1730).

libraires, sur la demande de M. l'abbé Bignon et par les soins de M. Laugier de Tassy, ledit balot contenant :

35 volumes in-folio du *Thesaurus Italiæ*, imprimé chez les Van der Aa.

Lucretius Havercampii, in-4°, 2 voll.

Ramos, *De pœna parricidii*, in-4°, grand papier.

Le tout a coûté d'achat 413 florins de Hollande, faisant argent de France 856 liv., qui ont été envoyées à M. Laugier de Tassy; laquelle somme de 856 liv., jointe à celle de 41 liv., 3 s. qu'il en a coûté pour le port dudit balot, fait en total cy 897 liv. 3 s.

217. Audit jour, remis par M. l'abbé Sallier mémoire des acquisitions par luy faites pendant le dernier quartier de la présente année, consistant en 2 voll. in-folio, 4 voll. in-4°, 35 voll. in-8°, etc., non compris plusieurs volumes des *Journaux* de Verdun par luy achetés, le tout pour la somme de 154 liv., 4 s., employée dans l'état de dépenses de la Bibliothèque, cy

154 liv. 4 s.

218. Pendant la susdite année 1731, il a été relié pour la Bibliothèque de Paris : 327 volumes in-fol., 278 in-4°, 583 in-8°, etc.; total : 1,188 volumes; et pour la bibliothèque de Versailles : 8 volumes in-fol., 17 voll. in-4° et 44 voll. in-8°, etc.; total : 69 volumes. Pour lesquelles relieures il a été payé sur les états de dépenses de la Bibliothèque la somme de 2,117 liv. 2 s., cy

2,117 liv. 2 s.

ANNÉE 1732.

219. Le 16 janvier, reçu pour la Bibliothèque quelques livres des Chrétiens de Saint-Jean, dans l'Inde, envoyés de Pondichéry par M. Le Noir, suivant sa lettre d'avis du 23 janvier 1731[1].

NOTE DESDITS LIVRES.

1° Un grand volume in-folio, relié, avec une couverture de toile sale.

2° Autre volume petit in-folio, non relié, consistant en douze cahiers.

3° Autre volume in-4°, mal broché.

4° Autre volume in-4°, non broché, consistant en quinze cahiers.

---

1. Cf. plus haut §§ 145, 179 et 207, et plus loin §§ 219-220, 266 et 337.

5º Un livre de cinq feuillets in-8º.
6º Un roulleau de six poulces de large et fort épais.

Le tout écrit en caractères syriaques et resté à la Bibliothèque.

220. Le 24 dudit, reçu une caisse de livres indiens, envoyés par les Jésuites missionnaires de Chandernagor, au royaume de Bengale, et venue par les derniers vaisseaux de la Compagnie des Indes. Ces livres sont écrits en langue samskrite ou samscroudam, en caractère bengali, et sur des feuilles de palmier.

NOTE DESDITS LIVRES INDIENS.

1er volume, *Ahniktotto*, rites propres des Bracmanes. — *Anikpreôgtotto*, pratique de ces mêmes rites.

2e volume, *Sraddhotot*, cérémonies des funérailles et des sacrifices pour les morts. — *Sraddhopreôgtot*, pratique de ces mêmes cérémonies.

3e volume, *Chadditotto*, des impuretés légales et des purifications.

4e volume, *Zonmachomito*, cérémonies du huitième jour après la naissance. — *Ekadochitot*, cérémonies du deuxième de la lune.

5º volume, *Kirtitot*, de quelques cérémonies propres à certains jours. — *Bastuzagtot*, du sacrifice de 62 divinités. — *Grohozagtot*, des sacrifices en l'honneur des planètes.

6e volume, *Dourgasatot*, du culte de la déesse Dourga. — *Dourgasapreôgtoto*, pratique dudit culte.

8e volume, *Dacotot*, de l'administration de la justice. — *Porikkatot*, des sermens. — *Pracochsittitot*, de la pénitence après le péché.

9e volume, *Molomachtot*, cérémonies du mois immonde ou du 13e mois. — *Tittitotto*, distinction des jours bons et mauvais.

10e volume, *Chouskartot*, choses à observer à la naissance et dans l'éducation des enfants. — *Beobohartot*, de la civilité par rapport à chaque caste. — *Oudbaotot*, des noces.

11e et 12e volumes, l'Histoire de Ramen, avec un recueil des cérémonies et des sacrifices pour les morts.

Plus un volume in-folio, en persan, intitulé : *Kilala Damna*, qui contient des fables.

Plus un volume in-4º, aussi en persan, qui est une histoire des anciens rois de Turquestan, lequel volume est intitulé : *Tacalou-Schanama*.

Le tout remis à M. Fourmont l'aîné.

221. Le 29 dudit, envoyé à M. de Chammoret, à Londres, une lettre de change de 420 liv., pour son remboursement de 17 liv. sterlins, 14 s., 8 d., par luy avancées, tant pour les livres d'Angleterre, envoyés et reçus le 30e juin de l'année dernière, que pour les souscriptions, dont il fait le premier payement suivant le mémoire que ledit sieur en a envoyé à M. l'abbé Bignon, avec les reconnoissances originales desdits payements, cy   420 liv.

Souscriptions prises à Londres par M. de Chammoret.

Collection of trawels of Churchill, in-fol., grand papier, 5 volumes; premier payement,   5 liv. sterl. 5 sh.
The Negociations of Th. Roe, in-fol., grand papier, 3 volumes; id.,   3 liv. sterl. 3 sh.
Mosis Chorenensis historia, in-4°,   6 sh.
Abulfedæ geographia, in-fol., grand papier,   1 liv. sterl. 11 sh.

222. Le 30 dudit, M. l'abbé Bignon a jugé à propos d'acheter les livres que le s^r Barout, cy-devant interprète de la Bibliothèque en langue turque et arabe, avoit laissé à sa servante, en partant, au mois d'août 1730, pour Constantinople, où il est resté. Ces livres, dont il y a un catalogue, ont coûté 150 liv. On en tirera quelques manuscrits qui peuvent manquer à la Bibliothèque; le reste sera vendu comme livres doubles [1].

223. Le 17 février, payé à Dom Martin Bouquet la somme de 38 liv., 15 s., cy   38 liv. 15 s.
pour les livres suivants :

Muratori, t. XX, in-fol. . . . . 20 liv. »» s.
Mémoires de l'Académie de Boulogne, t. I, in-4°, grand papier . . . . 16 »»
Anacréon, traduit en italien, in-8° . . . . 2 »»
Saxii *epistola* . . . . »» 15
          Cy. . . . . 38 liv. 15 s.

224. Audit mois, reçu par M. l'abbé Sallier, pour la Bibliothèque, la suite du Cabinet du duc de Parme, 4 voll. in-fol., envoyés de Parme, et payé de port 12 liv., cy   12 liv.

225. Le 7 mars, reçu un petit balot, envoyé de Londres par M. de Chammoret pour la Bibliothèque, contenant les livres suivans, demandés à M. Hans Sloane par M. l'abbé Bignon, pour rendre plus parfait le recueil des *Transactions philosophiques* :

Philosophical Collections du Dr Hook, in-4°.
Les *Journaux hebdomadaires* de M. Beaunomin, in-4°.
Plus, *Britanniæ descriptionis commentariolum*, in-4°.
Et quelques catalogues de livres nouveaux.

Payé pour le port 6 livres, cy   6 liv.

---

1. Voy. au sujet de ces mss. plusieurs lettres de Barout à l'abbé Bignon dans le ms. nouv. acq. franç. 5384, fol. 244 et suiv.

226. Le 28 dudit, reçu de La Haye, par Lille, trois exemplaires de la *Chimie* de M. Boerhave, in-4°, grand papier, 2 volumes, envoyés par M. le marquis de Fénelon, au nom de l'auteur; l'un destiné pour la Bibliothèque et les deux autres pour M. de Fontenelle, à qui ils ont été envoyés le même jour. Payé pour le port 9 liv., 9 s., cy   9 liv. 9 s.

227. Ledit jour, reçu aussi de Hollande, par Bruxelles, pour la Bibliothèque, les *Traités* différens de M. Mathy *sur la Trinité*, in-8° et in-12, et payé pour le port 5 liv., 10 s., cy   5 liv. 10 s.

228. Le 30 dudit, reçu de Hollande, par Lille, le magnifique exemplaire des *Œuvres de M. de Fontenelle*, in-folio, grand papier, 3 volumes, envoyés pour la Bibliothèque par les s^{rs} Gosse et Neaulme. Payé pour le port 22 liv., 6 s., cy   22 liv. 6 s.

229. Le 31 dudit, remis par M. l'abbé Sallier mémoire des acquisitions par luy faites pendant le premier quartier de cette année, consistant en un vol. in-fol., 20 voll. in-4° et 17 voll. in-8°, etc., pour la somme de 178 liv., 10 s., employée sur les états de dépenses de la Bibliothèque, cy   178 liv. 10 s.

230. Le 22 avril, reçu de Florence, par Marseille et Lyon, le 1er tome du *Musæum Florentinum*, in-folio, carta imperiali, envoyé par M. le marquis de la Bastie, et payé pour le port 20 liv., 10 s.; laquelle somme, jointe à celle de 36 liv., remboursée dès le 5 may 1731 à M. Bonfils, pour la souscription que M. le marquis de la Bastie a prise de ce premier tome, à la prière de M. l'abbé Bignon, fait en total, cy   56 liv. 10 s.

231. Ledit jour, acquis par M. l'abbé Sallier, pour quelques livres doubles donnés en échange au s^r Musier, recueil des *Œuvres de Bocace*, imprimé à Florence en 1724.

232. Le 25 dudit, remis par M. l'abbé Bignon : ΗΡΩΝΟΣ ΠΝΕΥΜΑΤΙΚΑ. — ΑΙΛΙΑΝΟΥ περι στρατηγηχων ταξεων. Deux volumes manuscrits in-4°, présent fait à M. l'abbé Bignon; mais il y a quelque apparence qu'ils avoient été anciennement à la Bibliothèque.

233. Le 28 dudit, lettre de M. le cardinal de Fleury pour faire remettre deux recueils des Estampes du Roy; l'un à M. l'advocat général Gilbert de Voisins, l'autre à la bibliothèque du Collège Mazarin.

234. Le 29 dudit, remis par le s^r Pigeon à M. l'abbé de Chancey pour la Bibliothèque deux globes suspendus, avec une explication; lesdits deux globes ont été achetés 60 liv., cy   60 liv.

235. Le 2 may, donné par M. l'abbé Bignon : *The Gardener's Dictionnary*. Londres, 1731, in-folio.

236. Le 13 dudit, arrivé à la Bibliothèque un nouveau balot venu de Constantinople, contenant divers mss. envoyés, depuis le départ de M. l'abbé Sevin, par M. de Villeneuve, ambassadeur du Roy; ledit balot retiré par M. Grégoire, député du Commerce de Marseille. Ces nouveaux manuscrits, joints à ceux qui ont été reçus précédemment, font le nombre d'environ 600 volumes, dont M. l'abbé Sevin travaille depuis son retour à faire un catalogue exact. Lesdits 600 manuscrits peuvent coûter au Roy la somme de 20 ou 24,000 liv., qu'il en a coûté pour les frais du voyage de Mrs Sevin et Fourmont, cy   24,000 liv.

237. Le 20 dudit, remis parmy les papiers de la Bibliothèque l'Inventaire du département du feu s^r Ladvenant, garde des Estampes et planches gravées, fait entre M. l'abbé Bignon et le s^r abbé de Chancey. Ledit inventaire remis avec 28 pièces qui regardent ledit département et qui sont dans une même liasse.

238. Le 29 dudit, donné par M. l'abbé Bignon : *Walteri Hemingfort historia Eduardi II*, edidit Th. Hearnius. Oxonii, 1730, in-8°, 2 voll., envoyés par M. Hans Sloane.

239. Le 7 juin, reçu la traduction de la *Bible* en langue romance ou grisonne, imprimée à Coire, en 1718, gros volume in-folio, envoyé par M. le marquis de Bonnac, ambassadeur du Roy en Suisse[1].

240. Le 8 dudit, remis à la Bibliothèque un exemplaire de la *Bible* grecque, imprimée à Zurich par les soins de M. Breittinger, en 4 voll. in-4°; la souscription de 28 liv., 10 s. ayant été payée dès le 22 mars 1731, cy   28 liv. 10 s.

241. Le 20 dudit, reçu de Lisbonne un pacquet contenant les deux derniers volumes in-folio de la copie de l'*Histoire des guerres et des conquestes des Portugais dans les royaumes de Congo, Angola*, etc., dont le premier tome avoit été envoyé dès le 12 may 1730. Ces trois volumes ont coûté pour les frais de papier, encre, etc., 80 liv., remboursées à M. de Chavagnac, consul de France à Lisbonne, cy . . . .   80 liv.

Plus, pour les frais de copie, à raison de 30 s. le rolle, 1,020 liv., cy   1,020

---

1. On peut voir au sujet de cet envoi deux lettres de Dusson de Bonnac à l'abbé Bignon dans le ms. français 22228, fol. 94-97.

Plus, pour 21 desseins, aussi in-fol., d'après les originaux, qui étoient joints au manuscrit, à raison de
20 liv. par dessein, 420 liv., cy 420
     Total . . . . 1,520 liv.

[*En marge :*] Le 16 janvier 1734, il a été remboursé au fils du s^r Rochefort, de Lisbonne, venu à Paris, la somme de 1,440 liv. pour ladite copie, et celle de 170 liv. pour autres livres envoyés par son père à la Bibliothèque du Roy en 1730, sur une ordonnance du Trésor royal, datée du 6 novembre 1733, payée à M. Guymont.

242. Le 30 dudit, remis par M. l'abbé Sallier mémoire des acquisitions par lui faites pendant le second quartier de la présente année, consistant en un volume in-folio, et 89 voll. in-8°, etc., pour la somme de 131 liv., 18 s., employée sur les États de dépenses de la Bibliothèque, cy   131 liv. 18 s.

243. Plus, pendant les susdits mois d'avril, may et juin, acquis par M. l'abbé Sallier, à la vente de quelques bibliothèques particulières et de différens libraires, 108 volumes in-folio, 89 volumes in-4°, et 137 in-8°, etc., pour la somme de 3,000 liv., laquelle a été remboursée audit sieur au Trésor royal sur ordonnance particulière, cy   3,000 liv.

Il n'y a qu'une simple note de cette acquisition parmi les papiers de la Bibliothèque; M. l'abbé Sallier, ayant inséré presque sur-le-champ lesdits livres dans les catalogues, a oublié d'en fournir des mémoires détaillés à son ordinaire.

244. Le 22 juillet, reçu le tome II de la traduction latine d'Eustathe sur Homère, envoyé de Florence par M. le marquis de la Bastie, et payé pour le port 13 liv., 12 s., cy 13 liv. 12 s.

245. Audit mois de juillet, remis au Département des Estampes neuf volumes d'estampes qui se sont trouvés parmi les livres doubles de la Bibliothèque. Il y a parmi les papiers de la Bibliothèque un état desdits neuf volumes.

246. Le 8 aoust, reçu une grosse caisse venue de Coppenhague, par Hambourg et Rouen, contenant des livres imprimés et manuscrits, acquis et envoyés pour la Bibliothèque, à la prière de M. l'abbé Bignon, par M. le comte de Plélo, ambassadeur du roy en Dannemarck. Cet envoy consiste en 5 voll. in-folio, 54 voll. in-4°, et 37 in-8° et in-12, dont M. le comte de Plélo a envoyé en même temps un catalogue exact, lequel est parmi les papiers de la Bibliothèque[1].

247. Le 20 dudit, remis par M. l'abbé Bignon trois volumes chinois imprimés, dont deux sont *L'y-king* du feu empereur Kang-hii, et l'autre une Histoire des dames illustres de la Chine, avec des estampes dans le goût chinois. Ces deux ouvrages apportés de Canton à M. l'abbé Bignon, par M. le chevalier Robuste, de la part du P. de Prémare, Jésuite, missionnaire à la Chine, pour qui M. l'abbé Bignon avoit fait remettre, le 7 octobre 1730, la somme de 200 liv. au Procureur des missions à Paris, cy

200 liv.

248. Le 10 septembre, *bon* du Roy, sur un mémoire de M. le duc de Harcourt, par lequel il offre de remettre à la Bibliothèque l'ancien recueil des Estampes, qu'il a et dont le feu Roy avoit fait présent à M. le maréchal de Harcourt, pour avoir le recueil de nouvelle impression.

249. Le 12 dudit, a été achevé le transport, commencé le 10, des manuscrits de la bibliothèque de feu M. Colbert, que le Roy a achetés de M. le comte de Seignelay[2] la somme de trois cent mille livres, cy   300,000 liv.

Ces manuscrits, dont les catalogues ont été remis à M. l'abbé de Targny, sont au nombre de 7,724, dont 6,117 manuscrits anciens, sçavoir : 3,370 in-folio, le reste in-4°, et quelques-uns in-8°, et 1,607 manuscrits modernes in-folio, sans compter 60 portefeuilles, 622 diplômes de nos rois, et 100 chartes originales concernant la Ligue de Cambray ; le tout suivant le compte qu'en ont fait Mrs de Targny et Falconnet, nommés par le Roy pour faire, avec le R. P. Dom Bernard de Montfaucon et M. Lancelot, nommés par M. de Seignelay, l'estimation de ce magnifique recueil.

250. Le 17 dudit, acquis de Dom Bouquet les livres suivans, venus d'Italie :

Muratori, t. XXII, in-fol.	20 liv.	»» s.
Orbis sacer et profanus, t. I et II, in-fol.	36	»»
Corpus veterum poetarum, t. I et II, in-4°.	9	»»

---

1. Voy. E.-J.-B. Rathery, *le Comte de Plélo, un gentilhomme français au XVIIIe siècle, guerrier, littérateur et diplomate* (1870), p. 180. — Cf. L. Delisle, *Cabinet des manuscrits*, t. I, p. 412.

2. Voy. L. Delisle, *Cabinet des manuscrits*, t. I, p. 439 et suiv.

Vincentii Lirinensis opuscula, in-8°	2	10
De Florentinis inventis, in-4°, broché	3	» »
S. Augustini vita, in-8°	4	» »

Total.   74 liv. 10 s.

251. Le 30 dudit, remis par M. l'abbé Sallier mémoire des acquisitions par lui faites pendant le troisième quartier de la présente année, consistant en 3 voll. in-folio, 9 voll. in-4°, et 115 voll. in-8°, etc., pour la somme de 111 liv., 16 s., employée sur les États de dépenses de la Bibliothèque, cy   111 liv. 16 s.

252. Le 12 octobre, reçu un petit pacquet, envoyé de Strasbourg par Doulseker, ne contenant que quelques thèses; payé de port 5 liv. 4 s.

253. Le 28 novembre, Mgr le duc d'Orléans est venu le matin voir la Bibliothèque; M. l'abbé Bignon étoit absent. Il y est resté pendant plus d'une heure à s'informer et à découvrir ce qui s'y trouve de plus curieux.

254. Le 9 décembre, acquis le premier volume des *Œuvres de Sigonius*, nouvelle édition, imprimée par souscription à Milan, pour la somme de 32 liv., et payé 16 liv. pour la souscription du second volume; total cy   48 liv. 12 s.

255. Le 19 dudit, par lettre de M. le comte de Maurepas, M. Joseph Askari, prêtre syrien, a été attaché à la Bibliothèque en qualité d'interprète en langue arabe et syriaque[1].

256. Le 22 dudit, acquis par M. de Chancey, pour la Bibliothèque du Roy, des *Heures* mss. de Henri II, avec miniatures et desseins[2]; lesdites *Heures*, remises à M. l'abbé de Targny, ont coûté 600 liv.

257. Le 23 dudit, reçu du P. Grégoire de Rostrenen, capucin de Morlaix, la copie manuscrite de son *Dictionnaire bas-breton*, avec quatre exemplaires dudit *Dictionnaire*, et payé de port
6 liv. 9 s.

258. Le 24 dudit, lettre de M. le cardinal de Fleury pour faire remettre, sur un *bon* de la main du Roy, un recueil des Estampes de Sa Majesté à M. l'évêque de Soissons, Laubrière.

259. Le 31e dudit, remis par M. l'abbé Sallier mémoire des

---

1. Il y a dans le ms. français 13069, fol. 43-44, un « Mémoire des manuscrits arabes dont M. Ascari a fait la notice dans la Bibliothèque du Roy » (1734-1735).

2. Ms. latin 1429. Cf. L. Delisle, *Cabinet des manuscrits*, t. I, p. 409.

acquisitions par luy faites pendant ledit dernier quartier de cette année, consistant en 3 volumes in-folio, 24 in-4º et 24 in-8º, etc., dont la plus grand partie est en livres envoyés d'Italie audit s⁽ʳ⁾ abbé Sallier, pour la somme de 270 liv., 2 s., et 110 liv. de frais de port; total 380 liv., 2 s., employées sur les États de dépenses de ladite Bibliothèque, cy .... 380 liv. 2 s.

260. Vers la fin de cette année, il a été expédié deux ordonnances sur le Trésor royal : l'une de 407 liv., 15 s., pour des ouvrages de sculpture faits dans la bibliothèque particulière du Roy, à Versailles, pour placer les roulleaux en stores où sont les cartes géographiques et les tables chronologiques, cy 407 liv. 15 s.

261. L'autre ordonnance est au profit du s⁽ʳ⁾ Beaurain, géographe, de 4,305 liv., 5 s., pour son payement des cartes géographiques et autres ouvrages par luy faits ou conduits dans ladite Bibliothèque, cy .... 4,305 liv. 5 s.

Ledit sieur avoit déjà reçu à compte, sur les États des dépenses de ladite Bibliothèque, pour lesdits ouvrages la somme de 700 liv., cy .... 700 liv.

262. Pendant la fin de l'année 1732, il a été relié pour la Bibliothèque de Paris : 262 volumes in-folio, 229 in-4º, 842 in-8º et in-12, total : 1,333 volumes; pour celle de Versailles, 9 volumes in-folio, 8 voll. in-4º, 68 voll. in-12, total : 85. Pour lesquelles reliures il a été seulement payé au s⁽ʳ⁾ Heuqueville, sur les États de dépenses de la Bibliothèque, la somme de 460 liv., 8 s.; le s⁽ʳ⁾ Mercier n'ayant pas été employé dans lesdits États, mais devant être payé sur une ordonnance particulière, cy 460 liv. 8 s.

ANNÉE 1733.

263. Le 15 janvier, acquis par M. l'abbé de Targny pour la Bibliothèque le volume rare de *Liturgia Suecana* pour la somme de 321 liv., 5 s., cy .... 321 liv. 5 s.

264. Le 23 dudit, reçu un balot de Strasbourg envoyé par M. Schœpflin, professeur en éloquence et en histoire, contenant six volumes in-4º des œuvres philosophiques en latin de M. Wolfius, professeur à Marpourg, dont l'auteur fait présent à la Bibliothèque. Payé pour le port 13 liv. 2 s., cy .... 13 liv. 2 s.

265. Le 1⁽ᵉʳ⁾ février, expédié une ordonnance sur le Trésor royal de 5,750 liv., 16 s., au profit du s⁽ʳ⁾ Mercier, relieur, pour les reliures par luy faites tant pour Paris que pour Versailles pendant l'année 1732, comme aussi pour la reliure en veau des quatre Recueils d'Estampes donnés au cardinal Maffei, au Collège Mazarin, à M. Gilbert de Voisins et à M. l'évêque de Soissons, et d'un cinquième Recueil qui doit rester au Département des Estampes; plus, pour la reliure de quatre grands volumes d'estampes de M. Crozat, de deux exemplaires des Estampes du Sacre et d'un volume des Modes du Levant, cy 5,750 liv. 16 s.

266. Le 28 février, arrivé de Pondichéry, par les vaisseaux de la Compagnie, deux caisses, l'une grande et l'autre moindre, contenant des livres indiens et persans, dont M. Le Noir, commandant général de la Compagnie à Pondichéry, a fait l'envoi, de la part des Jésuites missionnaires à Bengale, Carnate, Chandernagor et Pondichéry, qui en ont en même temps envoyé les mémoires[1].

Note des livres en langue samskerte ou samscroudam, écrits en caractères bengali, contenus dans la grande caisse et faisant soixante et quinze volumes.

A, B, C, D, E. Les cinq volumes marqués de ces cinq lettres.

Note des livres indiens et persans, envoyés par les PP. Jésuites, missionnaires de Carnate, lesquels se sont trouvés dans la petite caisse.

Livres indiens. — Livres persans. [*En marge :*] On mettra icy cette note en entier[2].

267. Le 31 mars, remis par M. l'abbé Sallier mémoire des acquisitions par luy faites pendant le premier quartier de cette année, consistant seulement en 6 volumes in-12, pour la somme de 12 liv., 8 s.; laquelle jointe à celle de 72 liv., avancée par ledit sieur pour frais de copie du catalogue des livres doubles de la Bibliothèque, qui doivent bientôt être vendus, fait en total celle de 84 liv., employée sur les États de dépense de ladite Bibliothèque, cy 84 liv. 8 s.

268. Le 15 avril, remis, sur un *bon* de la main du Roy, à M. le comte de Belle-Isle un recueil en blanc des Estampes de Sa Majesté.

269. Audit temps, remis aussi, sur un *bon* du Roy, au s^r Porlier un autre recueil desdites Estampes.

270. Le 16 dudit, acquis par M. l'abbé Sallier pour la Biblio-

---

1. Cf. plus haut §§ 145, 179, 207, 219, 220, et plus loin § 337.
2. Ces deux notes n'ont pas été transcrites.

thèque un volume des plus anciennes impressions, intitulé : *Speculum humanæ Salvationis*, petit in-folio, avec figures, dont les pages ne sont imprimées que d'un côté; ce volume a coûté 350 liv., cy 350 liv.

271. Le 23 dudit, donné par M. l'abbé Bignon : *Duo rerum Anglicarum scriptores, Joh. Otterborne et Joh. Whettamstede, ab origine gentis Britannicæ usque ad Edwardum IV*, edidit Th. Hearnius. Oxonii, 1732, in-8°, 2 voll., envoyés par M. Hans Sloane.

272. Le 24 dudit, en conséquence de la lettre de M. de Maurepas à M. l'abbé Bignon, dattée de Versailles, dudit jour, a été conclu avec le s^r Gandouin, libraire, le marché pour la vente à luy faite de tout ce qui s'est trouvé de livres doubles dans la Bibliothèque, jusqu'au dernier décembre 1732 inclusivement. Le prix de cette vente, au profit de ladite Bibliothèque, est de 16,000 liv., dont M. l'abbé Sallier a touché à compte 1,200 liv. L'État desdits livres doubles est divisé en 5 articles, suivant le mémoire qui en a été envoyé à M. le comte de Maurepas, le 27e février dernier :

MÉMOIRE.

L'État des livres doubles, qui se trouvent à la Bibliothèque du Roy, est divisé en cinq articles.

Le 1er est des livres de privilège ou de ceux qui ont été acquis par les anciens gardes de la Bibliothèque. Cet article contient 738 volumes in-folio, 2,365 in-4° et 9,335 de moindres formes; ce qui fait en total : 12,438 volumes.

Le 2e comprend les livres trouvez doubles dans ceux qui ont été léguez au Roy par feu M. Dacier, garde du Cabinet des livres de Sa Majesté au Vieux Louvre. Il monte à 111 volumes in-folio, 119 in-4° et 475 de moindres formes, faisant en total 705 volumes.

Le 3e est des livres doubles trouvez parmi ceux apportez de Versailles à la Bibliothèque du Roy les 30 may, 27 juin et 17 juillet 1724. Il y a dans cet article 116 volumes in-folio, 253 in-4° et 248 de moindres formes, et en total 617 volumes.

Le 4e contient les livres, reliez ou brochés, qui se sont trouvez doubles parmi ceux de l'ancien Cabinet du Louvre. Il est de 194 volumes in-folio, 134 in-quarto et 216 de moindres formes; ce qui fait en total 544 volumes.

Le 5e et dernier article est des livres en blanc trouvez doubles parmi ceux de l'ancien Cabinet du Louvre. Il contient 196 volumes in-folio, 407 in-4° et 3,525 de moindres formes, qui font en total 4,128 volumes.

Partant, tout cet état monte à 1,355 volumes in-folio, 3,278 in-4° et 13,799 de moindres formes; ainsi le total général est de 18,432 volumes.

273. Le 28 dudit, reçu un balot venu de Portugal, par Rouen, envoyé par le s^r Rochefort pour la Bibliothèque et contenant :

Mémoires de l'Académie royale d'histoire, depuis 1727 jusqu'en 1730, in-folio, 3 voll.

Histoire de Don Jean Ier, roy de Portugal, en portugais, in-4°, 3 voll.

Avec deux homélies latines du patriarche de Lisbonne, in-fol., d'une feuille chacune.

Lesdits livres envoyés en présent par M. le marquis d'Alegrette, à la sollicitation dudit s^r Rochefort; et ont coûté de port 21 liv., cy   21 liv.

274. Le 15 may, M. l'abbé Bignon a rapporté de Versailles pour la Bibliothèque le recueil des *Œuvres du pape Clément XI*, imprimées à Urbin, par les soins du cardinal Annibal Albani, en 12 volumes in-folio, présent fait au Roy par M. le Nonce, au nom dudit cardinal.

275. Le 22 dudit, acquis de M. de Chabons, conseiller au parlement de Grenoble, pour le Cabinet des Antiques du Roy, le bouclier votif d'argent trouvé en 1714 dans la terre du Passage, en Dauphiné, et pesant 43 marcs, et ayant deux pieds trois poulces de diamètre, pour la somme de 4,000 liv., cy   4,000 liv.

276. Ledit jour, acquis de Dom Bouquet pour la Bibliothèque :

Muratori, t. XXIII, in-fol.	20 liv.
Orbis sacer et profanus, t. III, in-fol.	18
Horographia universalis, in-fol.	15
Codex canonizationum, in-fol.	25
SS. Prosperi et Honorati opera, in-8°	4
Total.	82 liv.

Remboursés sur les 1,200 liv. reçues à compte par M. l'abbé Sallier du prix des livres doubles.

277. Le 22 juin, suivant la lettre de M. le comte de Maurepas à M. l'abbé Bignon, dudit jour, le Roy a agréé que les livres doubles, qui seront remis doresnavant et qui ont été remis à la Bibliothèque depuis le commencement de cette présente année, soyent vendus à mesure qu'ils seront retirés de la Chambre syndicale, pour le produit en être employé en acquisitions d'autres livres, qui manquent à ladite Bibliothèque, en en tenant bon et exact registre; ce qui sera exécuté par le sʳ Jourdain.

278. Le 27 dudit, transportés à la Bibliothèque les portefeuilles et manuscrits donnés au Roy par M. Lancelot, inspecteur du Collège royal[1], depuis le 29 octobre 1732, au nombre de 520 pour les portefeuilles, et de 206 pour les volumes manuscrits. Toutes ces pièces, dont il y a un catalogue détaillé parmi les papiers de la Bibliothèque, ont été placées sur des tablettes faites exprès dans un petit appartement du Grand Corridor, n° 6, dont M. Lancelot a la clef, pour y venir travailler à son loisir.

279. Le 1ᵉʳ juillet, payé à Dom Bouquet pour les livres suivants :

Muratori, t. XXIV, in-fol.	20 liv.
Veteres poetæ, t. III, IV, V, VI, in-8°	18
Sigonii opera, t. II, in-fol.	30
Total.	68 liv.

280. Le 15 dudit, donné à la Bibliothèque par M. J. Cronstedt, gentilhomme suédois, *Suecia antiqua et hodierna,* tabulis æneis expressa; 2 volumes in-folio, magnifiquement reliés.

281. Le 21 dudit, reçu de Florence, par Marseille et Lyon, un balot envoyé par M. le marquis de la Bastie, et contenant le tome II du *Musæum Florentinum;* payé pour le port 13 liv., 6 s., cy
  13 liv. 6 s.

282. Le 6 aoust, ont été transportés à la Bibliothèque du Roy les livres du cabinet de M. de Cangé, dont le catalogue avoit été imprimé depuis peu, et qui ont été achetés pour ladite Bibliothèque, en conséquence de la lettre de M. le comte de Maurepas à M. l'abbé Bignon, du 17 juillet dernier[2], pour la somme de 40,000 liv., cy 40,000 liv.

Ladite somme devant être payée audit sʳ de Cangé : 1° en 14,800 liv. provenant de la vente des livres doubles, faite le 24 avril de cette année; 2° en 11,000 liv. qu'on compte qui proviendront de la vente qui se doit faire des livres qui se trouveront doubles dans ledit cabinet de M. de Cangé; 3° en une ordonnance sur le Trésor royal de 14,200 liv., pour parfaire l'entier payment; ledit sʳ de Cangé ayant consenti à cet arrangement.

283. Le 19 dudit, reçu un autre balot, venu aussi de Florence,

---

1. Voy. L. Delisle, *Cabinet des manuscrits,* t. I, p. 409-411.
2. *Ibid.*, p. 411.

et envoyé *idem*, contenant le tome III du *Dictionnaire de la Crusca;* payé pour le port 4 liv., 1 s., 6 d., cy 4 liv. 1 s. 6 d.

Audit jour, payé à M. Bonfils pour la souscription du susdit t. II du *Musæum Florentinum*, avancée par M. de la Bastie, la somme de 40 liv., cy 40 liv.

Plus, payé au même pour la souscription du t. III du *Dictionnaire de la Crusca*, avancée *idem*, la somme de 23 liv., 5 s., cy 23 liv. 5 s.,

suivant deux mémoires de dépenses envoyés par ledit marquis de la Bastie.

284. Le 26 dudit, remis par M. Guymont, pour rester parmi les papiers de la Bibliothèque, trois catalogues des livres de musique de ladite Bibliothèque, auxquels il s'étoit chargé de travailler, lesdits livres luy ayant été remis par ordre de M. l'abbé Bignon. Ces trois catalogues sont : 1° Catalogue des livres de musique étant actuellement à la Bibliothèque du Roy, de 377 pages in-folio; 2° Catalogue des livres doubles de musique de ladite Bibliothèque, de 23 pages *idem;* 3° Catalogue de livres de musique qui manquent à ladite Bibliothèque.

285. Le 13 septembre, donné par M. l'abbé Bignon : *Fr. Baconis opera*. Londini, 1732, in-folio.

286. Le 30 dudit, remis par M: l'abbé Sallier mémoire des acquisitions par luy faites pendant le troisième quartier de la présente année, consistant en 17 volumes manuscrits, tant in-folio qu'in-4°, achetés du s^r de [*en blanc*] la somme de 200 liv., et deux volumes in-folio et 8 in-8° ou in-12, pour la somme de 75 liv.; plus, pour frais du déménagement des livres de M. de Cangé, transportés à la Bibliothèque, comme il est dit cy-dessus, 42 liv., 18 s.; total : 317 liv., 18 s., employées sur les États de dépenses de la Bibliothèque, cy 317 liv. 18 s.

287. Le 2 octobre, payé pour 2 volumes in-8°, intitulés : *Theologia moralis*, etc., la somme de 4 liv., cy 4 liv.

288. Le 22 dudit, acquis de Dom Bouquet les livres suivans :

Muratori, t. XXV, in-fol.	20 liv.
Sicilia sacra, in-fol., 2 vol., gr. pap.	44
Orsi *de baptismo*, in-4°	5
Saxius *de ecclesia Mediolanensi*, in-4°	5
J. de Astesanis *epistola*, in-8°	1
Littere discorsive, in-4°	3
Total.	78 liv.

72 LA BIBLIOTHÈQUE DU ROI

289. Le 28 dudit, arrivés de Coppenhague, par Rouen, deux nouveaux balots de livres, envoyés par M. le comte de Plélo pour la Bibliothèque[1], et payé pour le port 20 liv., 11 s., cy
20 liv. 11 s.

Lesdits livres consistent en 54 volumes in-folio et 2 pacquets aussi in-folio, en 117 volumes in-4° avec quinze pacquets de même format, et 161 in-8°, in-12, etc., avec 25 volumes manuscrits, et entre autres le procès du comte de Griffenfeld, traduit de danois en latin. M. le comte de Plélo a envoyé un catalogue détaillé de tous ces livres, et, dans le récollement qui en a été fait audit jour, le tout s'y est trouvé entièrement conforme[2].

290. Le 6 décembre, en conséquence de la lettre de M. de Maurepas à M. l'abbé Bignon, dattée d'hier 5, il a été vendu au s^r Gandouin, libraire, pour la somme de 11,000 liv., treize cents volumes, sçavoir : 471 in-folio, 595 in-4°, et 234 in-8° et in-12, qui se sont trouvés doubles dans le cabinet des livres de M. de Cangé, après le récollement exact qu'en a fait M. l'abbé Sallier. Les autres livres in-folio et in-4° ont été insérés dans la Bibliothèque, sçavoir : 170 manuscrits, 126 in-folio imprimés et 571 in-4°. M. l'abbé Sallier n'a pas encore achevé le récollement des in-8°, in-12, etc.

291. Le 29 dudit, donné par M. l'abbé Bignon : *Chronicon Gottwicense*, tome I, en 2 volumes in-folio, carta maxima, présent qui luy a été envoyé par l'auteur M. l'abbé de Gottwein, dans la Basse-Autriche, auprès de Vienne, et qui a coûté 16 liv. de port, cy
16 liv.

292. Le 31e dudit, remis par M. l'abbé Sallier mémoire des acquisitions par luy faites pendant le dernier quartier de cette année, consistant seulement en trois volumes in-4°, pour la somme de 48 liv., plus une estampille, pour marquer les livres doubles, 6 liv.; total : 54 liv., employées sur les États de dépenses de la Bibliothèque, cy
54 liv.

293. Pendant la susdite année 1733, relié pour la Bibliothèque de Paris : 159 in-folio, 190 in-4°, 529 in-8° et in-12, total : 878 ;

---

1. Cf. plus haut § 246, et plus loin §§ 307 et 343.
2. On a biffé la note suivante : « Le 7 novembre, le nommé Joly, froteur de la Bibliothèque, a été trouvé alant dans la cave de M. l'abbé Bignon; il avoit déjà fait d'autres vols. Il a été chassé; le nommé Beaufour a été nommé à sa place. »

et pour celle de Versailles : 10 in-folio, 6 in-4° et 57 in-12, total : 73. Pour lesquelles reliures les sieurs Mercier et Heuqueville, relieurs, sont employés sur les États de dépenses de la Bibliothèque pour la somme de 1,933 liv., 3 s., cy 1,933 liv. 3 s.

ANNÉE 1734.

294. Le 11ᵉ janvier, remis à la Bibliothèque les manuscrits achetés des héritiers de feu M. l'abbé Drouin, docteur de Sorbonne et conseiller au Parlement[1], pour la somme de 600 liv., cy   600 liv.

Il y a parmi les papiers de la Bibliothèque une note ou mémoire de ces manuscrits, certifié au bas par M. l'abbé de Targny.

295. Le 18 janvier, M. Otter, Suédois converti, est parti pour aller à Constantinople et de là en Arménie, aux dépens du Roy, pour y apprendre la langue arménienne[2].

296. Le 11 février, le sʳ Gandouin a emporté les livres doubles, qu'il a achetés de la bibliothèque de M. de Cangé.

297. Le 23 février, rendu un Arrest du Conseil, qui réunit au reste des bastimens de la Bibliothèque la portion desdits bastimens occupée par feue madame la marquise de Lambert jusqu'à sa mort, et qui avoit été donnée par le Roy, en 1720, en survivance à M. le marquis de Lambert sa vie durant. Le Roy, pour dédommager ledit marquis, luy accorde sa vie durant 5,000 liv. par an à prendre sur les droits dus à Sa Majesté par la ville d'Alby.

298. Le 1ᵉʳ mars, acquis pour la Bibliothèque une petite figure de bronze antique, représentant *Patere Caali*, déesse adorée par les Indiens de la presqu'île de l'Inde. Ladite figure, trouvée, dit-on dans un mémoire traduit du malabare en françois et resté parmi les papiers de ladite Bibliothèque, dans les fondations des murs de Pondichéry; ladite figure a été payée 30 liv., cy   30 liv.

299. Le 10 dudit, acquis de Dom Bouquet les livres suivans, venus d'Italie, pour la somme de 71 liv., sçavoir :

Mezzabarba, in-fol., gr. pap., pour le Cabinet de Versailles.   40 liv.
Longinus, *De Sublimi*, in-4° 12
Grancolas, *Commentarius in Breviarium Romanum*, in-4°.   7

---

1. Voy. L. Delisle, *Cabinet des manuscrits*, t. I, p. 412.
2. Le ms. nouv. acq. franç. 5385 contient une série de lettres et de documents relatifs aux voyages d'Otter à Constantinople, en Perse et à Bassora.

Massorii *Disputationes criticæ*, in-4°. 6
Rime di Paolo Rossi, in-8°. 4
Ester, tragedia di Francesca Manzoni, in-8°. 2

Total. 71 liv.

300. Le 19 dudit, reçu de Hollande un petit balot contenant un exemplaire du *Télémaque*, in-fol., nouvelle édition, faite par les Wetsteins d'Amsterdam. Ledit *Télémaque* coûtant d'achat 60 liv.; avec l'*Alcoran des Cordeliers*, in-8°, 2 voll., 5 liv.; les *Contes péruviens*, in-12, 1 vol., 2 liv., 10 s.; et quatre *Journaux*, in-12, 4 voll., 4 liv., 6 s.; pour le port du tout : 5 liv. 3 s.; total : 81 liv., 9 s., cy   81 liv. 9 s.

301. Le 31 dudit, remis parmi les papiers de la Bibliothèque l'état des acquisitions faites par Mrs Sallier et Lancelot pendant ce quartier; celles du premier consistant en 93 volumes in-12, pour la somme de 68 liv., 10 s., et celles du second, en quelques manuscrits, pour la somme de 20 liv.; total : 88 liv. 10 s.

302. Le 12 avril, est mort M. Delagny, commis à la recherche des livres de mathématiques pour la Bibliothèque; sa place en cette qualité n'a pas été remplie.

303. Le 13 dudit, remis à la Bibliothèque la grande *Collection des voyages*, en anglois, imprimée à Londres par les soins de Mr Churchill, en 6 volumes in-folio, grand papier; le port de ce livre a coûté 22 liv., 3 s.

304. Le 23 avril, il a été remis parmi les papiers de la Bibliothèque notice des médailles ajoutées au Cabinet du Roy depuis l'année [*en blanc*] jusqu'en 1734. Ladite notice envoyée par M. Hardion à M. l'abbé Bignon; il est assés étonnant qu'on n'ait pas dattée depuis l'année [*en blanc*].

305. Par ordres des 7 et 14 may, il a été remis à Mrs de Sorbonne un manuscrit in-4°, contenant les Conclusions des assemblées de la maison de Sorbonne depuis 1430 jusqu'en 1483; lequel manuscrit avoit été acheté par M. l'abbé Drouin à la vente de la bibliothèque de M. Turgot, et avoit passé à la Bibliothèque du Roy avec les manuscrits de cet abbé[1].

306. Le 15 may, acquis par M. l'abbé Sallier pour la Bibliothèque le *Catholicon*, imprimé sur parchemin, en 1460, lequel

---

1. C'est le registre des prieurs de Sorbonne; ms. latin 5494 A.

étoit dans la bibliothèque des Minimes de Chaillot[1], et pour lequel il a été payé auxdits Pères la somme de 500 liv., cy

    500 liv.

307. Le 1er juin, reçu une grande caisse de livres envoyée de Coppenhague par M. le comte de Plélo, dont le port a coûté 26 liv., 5 s., cy   26 liv. 5 s.

Il y avoit un catalogue, ou note de ces livres dans la caisse, et le tout s'y est trouvé conforme; ledit catalogue restant parmi les papiers de la Bibliothèque.

N. B. Pour tous ces livres, joints à ceux que M. le comte de Plélo a envoyés ci-devant, il a été expédié, au commencement de 1732, une ordonnance de 3,000 liv. pour le remboursement des frais d'achat, cy   3,000 liv.

Suivant les dernières lettres de M. de Plélo, il se trouve en avance de 100 écus, monnoye danoise, dont il a demandé le remboursement.

308. Le 24 dudit, ordre de M. de Maurepas d'envoyer un recueil relié en veau des Estampes du Roy à M. Hans Sloane, à Londres, en considération des envois qu'il a fait de plusieurs livres à la Bibliothèque, et de faire relier un autre recueil pour M. le Garde des sceaux [Chauvelin].

309. Le 28 dudit, remis à la Bibliothèque 880 titres, ou chartes, achetées du s^r Lescalier, chanoine d'Évreux[2], pour la somme de 450 liv., cy   450 liv.

310. Le 30 dudit, remis un État des acquisitions faites par M. l'abbé Sallier pendant le quartier d'avril, may et juin, consistant en 2 volumes in-folio, 5 in-4°, 10 in-8°, pour la somme de 114 liv., 2 s., cy   114 liv. 2 s.

311. Le 30 juillet, envoyé à M. de Maurepas un mémoire du s^r Coulon, ébéniste, qui a fourni dans les galeries de la Bibliothèque trois échelles de bois de chesne, en forme d'escaliers, à 146 liv., 15 s. pièce, et deux bas d'armoires, en forme de bibliothèques, à 160 liv. pièce; le tout réduit par M. Labbé, inspecteur des bâtimens du Roy, à la somme de 770 liv., cy   770 liv.

312. Le 3 septembre, reçu pour la Bibliothèque la *Chronique*

---

1. Département des Imprimés, vélins, invent. 528-529. Cf. Van Praet, *Catalogue des livres imprimés sur vélin de la Bibliothèque du Roi* (1822), t. IV, p. 16-17.
2. Voy. L. Delisle, *Cabinet des manuscrits*, t. I, p. 412.

de Dunstaple, 2 voll. in-8º, publiée par M. Hearne et envoyée par M. Sloane, avec quelques Transactions philosophiques.

313. Le 5 dudit, venu de Strasbourg quelques Thèses et quelques livres de privilège de peu de conséquence.

314. Le 30 dudit, remis par M. l'abbé Sallier un mémoire de ses acquisitions pendant le quartier, consistant en :

Launoii opera. Genevæ, in-fol., 10 voll.
Vallisneri opera. Patavii, in-fol., 3 voll.

pour la somme de 212 liv., cy   212 liv.

315. Le 2 octobre, suivant la lettre de M. de Maurepas, M. Armain a commencé à être attaché à la Bibliothèque du Roy en qualité d'interprète en langue turque et persienne.

316. Le 22 dudit, en conséquence des ordres donnés par M. le comte de Maurepas au consul d'Alep, vers la fin de 1733, d'acheter deux mille peaux de maroquin rouge, pour la provision de la Bibliothèque du Roy, il est arrivé une première bale de ces peaux; laquelle bale, contenant seulement 207, a été remise à la Bibliothèque par M. Grégoire, député du Commerce de Marseille, sans aucun frais de port pour la Bibliothèque.

317. Le 17 décembre, acquis pour la Bibliothèque et payé à Dom Vaissette, de l'abbaye de Saint-Germain, les livres suivants :

Supplément à l'Histoire byzantine, in-fol.
Sigonii t. III, in-fol., gr. pap.
Frontonis *epistolæ*, in-4º.
Paulus naufragus, in-4º.

Lesquels ont coûté 67 liv., cy   67 liv.

318. Le 31 dudit, remis parmi les papiers de la Bibliothèque l'État des acquisitions pendant le quartier faites par Mrs Sallier et Lancelot, consistant pour le second en mémoires, factums et brochures, et pour le premier en 1 vol. in-folio, 2 in-4º, 12 in-8º; le tout pour la somme de 123 liv., 17 s., cy   123 liv. 17 s.

ANNÉE 1735.

319. Le 19 janvier, reçu de Londres le *Catalogue des manuscrits du roy d'Angleterre*[1], lequel a coûté tant pour l'achat que pour le port 32 liv., 11 s., cy   32 liv. 11 s.

320. Le 31ᵉ dudit, M. Pétis de la Croix a remis à la Biblio-

---

1. *A catalogue of the manuscripts of the King's library*, by David Casley (London, 1734, in-4º).

thèque le catalogue de 31 volumes de livres turcs, traduits en françois par les Enfants de langue de Constantinople, et remis à ladite Bibliothèque, par les ordres de M. le comte de Maurepas, qui doit y faire envoyer les autres ouvrages de cette sorte, qui lui seront envoyés[1].

321. Le 4e février, ordre de M. le cardinal de Fleury de donner un recueil des Estampes du Roy, en blanc, à M. le marquis de Caumont, gentilhomme d'Avignon.

322. Le 16 dudit, il a été payé au sr Hippolyte-Louis Guérin, libraire, rue Saint-Jacques, un mémoire des livres envoyés par le sr Paul Vaillant, libraire à Londres, ou pour lesquels il a fourni des souscriptions ; ledit mémoire se montant à la somme de 228 liv., cy   228 liv.

323. Le 19 dudit, envoyé à la Bibliothèque par M. Grégoire une bale de maroquins de Levant, contenant 210 peaux.

324. Le 4 mars, il a été remis à M. l'abbé Bignon par le sr Montalant un mémoire, certifié par M. l'abbé Sallier, des livres fournis à la Bibliothèque par ledit sr Montalant, depuis le 4 novembre 1732, se montant à la somme de 458 liv., 10 s., cy 458 liv. 10 s.

325. Le 8 dudit, *bon* du Roy, sur une lettre de M. l'abbé Bignon écrite à M. le cardinal de Fleury, pour remettre un recueil des Estampes du Cabinet, en blanc, à M. le duc de Chaulnes.

326. Le 19 dudit [avril], envoyé à la Bibliothèque par M. Grégoire une autre bale de maroquins, contenant 200 peaux.

327. Le 31 dudit, remis par M. l'abbé Sallier un mémoire de ses acquisitions pendant le premier quartier de l'année 1735, se montant à la somme de 123 liv., 15 s., cy   123 liv. 15 s.

328. Le 11e dudit [mai], arrivé une caisse, venue de Constantinople, par Marseille, et remise à la Bibliothèque par les soins de M. Grégoire, député du Commerce ; ladite caisse contenant 16 manuscrits, tant grecs qu'arabes et arméniens, dont il y a une note parmi les papiers de la Bibliothèque.

329. Le 20 may, M. le marquis de Bonnac a remis à la Bibliothèque du Roy le recueil des lettres originales turques, qui luy ont été écrites pendant son ambassade à Constantinople, grand volume, forme d'atlas[2].

---

1. Ce sont les volumes qui ont servi à constituer le fonds des Traductions, dont les notices ont été imprimées dans le *Catalogus codd. mss. Bibliothecæ regiæ* (1739), t. I, p. 339 et suiv.
2. N° vi du fonds des Traductions (*Ibid.*, p. 343).

330. Le 1ᵉʳ juin, pendant la nuit, l'abbé de Chancey, garde des Planches et Estampes de la Bibliothèque, accusé de malversation, a été arrêté par ordre du Roy, et conduit à la Bastille; le scellé ayant été mis à son appartement et aux endroits où sont gardées les Planches et Estampes [1].

331. Le 30 dudit, remis par M. l'abbé Sallier l'État des acquisitions par luy faites pendant le quartier d'avril, se montant, avec celles de M. Lancelot, à la somme de 219 liv., 9 s., cy
   219 liv. 9 s.

332. Le 1ᵉʳ juillet, remis à la Bibliothèque par M. l'Ambassadeur d'Hollande les 4 volumes in-4º de la traduction de l'*Histoire d'Angleterre* par Burnet, imprimés à La Haye, par le sʳ Neaulme, lequel les a envoyés en présent.

333. Le 3 dudit, envoyé par M. le Garde des sceaux à la Bibliothèque un exemplaire relié de la *Bible* en langue malaye, imprimée à Amsterdam, par les soins de la Compagnie des Indes de Hollande, et que le Magistrat de ladite ville a remis expressément pour le Roy à M. le marquis de Fénelon, ambassadeur de France, lequel l'a envoyé à la Cour, accompagné d'une lettre, dont la copie est parmi les papiers de la Bibliothèque.

334. Le 12 dudit, a été retiré l'exemplaire de l'édition de l'*Histoire de de Thou,* imprimée à Londres; et donné pour le second payement de la souscription la somme de 165 liv., cy   165 liv.

335. Le 18 dudit, envoyé par ordre de M. le Garde des sceaux un bon nombre de livres, confisqués à la Chambre syndicale des Libraires, pour en être choisis ceux qui manquent à la Bibliothèque; il y a parmi les papiers de ladite Bibliothèque un catalogue des livres qui ont été retenus.

336. Le 27 aoust, remis à la Bibliothèque les 4 volumes du *Trésor* de Robert Étienne, dernière édition de Londres, in-folio, envoyés en présent par M. Maittaire.

337. Le 2 septembre, venu de Pondichéry une grande caisse de livres indiens, envoyés sur les vaisseaux de la Compagnie des Indes par les PP. Jésuites de Pondichéry. Ces livres font partie d'autres envois, qui sont déjà venus, et doivent se trouver conformes aux catalogues qui en ont été envoyés d'avance [2].

---

1. Voy. vicomte H. Delaborde, *le Département des Estampes à la Bibliothèque nationale* (1875), p. 60. Cf. le *Bulletin de la Société de l'histoire de Paris* (1889), t. XVI, p. 88-90.

2. Cf. plus haut §§ 145, 179, 207, 219, 220 et 266.

338. Remis par M. l'abbé Sallier l'État de ses acquisitions pendant le quartier, se montant à la somme de 162 liv., 10 s., cy
162 liv. 10 s.

339. Le 2 octobre, M. le comte de Maurepas a écrit à M. l'abbé Bignon pour luy apprendre que l'intention du Roy étoit qu'on travaillât, toutes affaires cessantes, à mettre les Catalogues de la Bibliothèque en état d'être imprimés à l'Imprimerie royale[1].

340. Le 27 dudit, remis à la Bibliothèque 2 volumes bien reliés des *Scriptores rei rusticæ*, imprimés à Leipzig et envoyés en présent par le libraire, M. Fritsch.

341. Le 19 novembre, reçu de Dom Bouquet pour la Bibliothèque les livres suivants pour la somme de 73 liv. 10 s., cy
73 liv. 10 s.

Sigonius, t. IV	32 liv.	» » s.
Corpus poetarum, t. VII	4	10
Acta Sanctorum	5	» »
Sigonii *Historia ecclesiastica*	6	» »
Antichita di Roma	7	» »
Tali lusorii	5	10
Historia juris pontificii	3	10
Sartinelli *Dissertationes*	4	» »
Historia reipublicæ Romanæ	6	» »
Total.	73 liv.	10 s.

342. Remis par M. l'abbé Sallier l'État des acquisitions pendant le quartier, lesquelles, avec celles de M. Lancelot, se montent à la somme de 225 liv., cy
225 liv.

343. *Nota.* Par l'ordre de M. le comte de Maurepas, du 12 novembre de cette année, madame la comtesse de Plélo, veuve de M. le comte de Plélo, tué devant Dantzig et ambassadeur du Roy à Coppenhague, a été employée sur les États de dépenses extraordinaires de la Bibliothèque du Roy pour la somme de 1,130 liv., pour remboursement des avances faites en achapt de livres dans le Nord par feu son mari, cy
1,130 liv.

ANNÉE 1736.

344. Le 10 février, arrivé une nouvelle bale de maroquins, expédiée par M. Grégoire, et contenant 200 peaux.

---

1. Voy. L. Delisle, *Cabinet des manuscrits*, t. I, p. 413.

APPENDICE.

I.

Relation de la découverte de deux cent douze médailles d'or antiques, faite dans un faubourg de la ville de Troyes en Champagne, *en l'année 1726, et de l'employ qui en a esté fait pour le Cabinet du Roy*[1].

Le 22ᵉ de may 1726, le nommé Martin Boutard, vigneron, travaillant à une vigne dans le faubourg Saint-Jacques à Troyes, trouva, à deux pieds de profondeur en terre, un petit pot de terre grise, fait en forme de citron, qui contenoit, suivant les déclarations dudit Boutard et les procès-verbaux qui ont esté faits, 212 médailles d'or de plusieurs empereurs et impératrices. Les plus anciennes sont de Néron, dont le règne commença l'an de J.-Chr. 54, et les dernières de Septime-Sévère, qui mourut l'an de J.-Chr. 211.

Le Chapitre de l'église de Troyes s'est saisi de 110 de ces médailles, comme propriétaire du fonds où elles ont esté trouvées, et monseigneur l'évêque de Troyes les a envoyées, au nom dudit Chapitre, à monseigneur l'ancien évêque de Fréjus[2], pour le Cabinet de Sa Majesté.

M. Lescalopier, intendant de Champagne, en a rassemblé 102 autres[3], parmi lesquelles il y en a 78 que le vigneron avoit vendües au directeur de la monoye de la ville de Troyes, et pour lesquelles il a reçu la somme de 2,021 liv., 11 s., 9 d., à raison du poids de ces médailles, qui montoit à 2 marcs, 7 onces, 6 gros d'or et 23 karats et demy.

M. Lescalopier a retiré les 78 médailles des mains de ce directeur, et l'a remboursé du prix qu'il en avoit donné au moyen d'une ordonnance de pareille somme de 2,021 liv., 11 s., 9 d., qu'il lui a délivrée.

Les 24 autres médailles, qui font avec les 78 cy-dessus le nombre de 102, estoient entre les mains de quelques particuliers, qui les ont remises à M. Lescalopier, et ces 102 médailles furent présentées au Roy, le 17 juillet dernier, par M. Lescalopier le fils.

Toutes ces médailles ayant esté comparées et vérifiées avec celles qui sont déjà au Cabinet de Sa Majesté, il s'en est trouvé, parmi celles

---

1. Cf. plus haut § 37.
2. Fleury.
3. La notice détaillée de ces 102 médailles est conservée dans le même dossier et forme un cahier de 12 feuillets in-fol.

que M. l'évêque de Troyes avoit envoyées, cinquante-neuf doubles, cy 59
Et vingt-trois seulement parmi celles de M. Lescalopier, cy.   23
Total des médailles doubles.   82

Il fut décidé que toutes ces médailles seroient mises au Cabinet, et les doubles employées à faire des échanges et de nouvelles acquisitions dans le même genre.

M. le président de Maisons, en ayant esté informé, demanda 45 de ces médailles doubles; elles lui furent accordées et remises le 16e de novembre suivant, comme il est expliqué dans son reçu, écrit ensuite de l'ordre du Roy, signé par M. le comte de Maurepas.

Une 46e a esté échangée depuis avec M. l'abbé de Rothelin, sous les yeux de M. le comte de Maurepas, et je suis dépositaire des 36 autres, qui sont toujours aux ordres de Sa Majesté[1].

II.

Nouvelles constructions et aménagements de la Bibliothèque du Roi en 1727.

Mémoire de l'architecte Robert de Cotte[2].

L'intention de monsieur l'abbé Bignon est de ne point placer de livres dans les trumeaux entre les croisées, mais d'en mettre dans le fond vis-à-vis les croisées et par les côtez, ne désirant pas que l'enfilade des portes soit dans le milieu de chaque pièce, mais bien du côté des croisées, comme cela est fait dans les trois premières pièces dans le corps du logis sur la rue de Richelieu, afin de ne pas coupper par l'enfilade du milieu les tablettes de livres, parcequ'il faut qu'elles soient communiquées par un balcon; ainsy j'ay travaillé sur ce principe. Il souhaitte aussy qu'il y ait cinq hauteur de livres in-folio, à commencer au-dessus du sôcle d'en bas de dix-neuf, vingt et vingt-un pouces d'une tablette à l'autre, et trois rangs d'in-quarto au-dessus, dont le dessus du dernier rang fera la hauteur du balcon, et, au-dessus dudit balcon, trois autres rangs d'in-quarto et quatre autres rangs d'in-octavo et d'in-douze, dont le dernier sera sous la corniche, cela fait vingt pieds de haut du dessus du parquet, au-dessous des corniches, y compris sôcles, balcons et tablettes. Les trois pièces A, B, C contiennent ensembles trente-trois toises de pourtour.

L'intention de monsieur l'abbé Bignon est de placer les livres aussy dans la pièce D, qui forme à présent un salon, en ostant les colonnes

---

1. Note de Gros de Boze. — Bibl. nat., Arch. du Cabinet des Médailles.
2. Cf. plus haut § 63. — Les plans de R. de Cotte pour les travaux de la Bibliothèque sont aujourd'hui conservés au Département des Estampes sous la cote Hc 15.

et portions circulaires, et de la rendre quarrée pour y placer des livres; il en pouroit contenir treize toises courantes.

La gallerie ensuitte, en oster aussy les portions circulaires de chaque bout et les pilastres de plâtre qui en font la décoration et qui ne servent plus de rien en mettant des tablettes et de rouvrir quatre croisées pour luy donner plus de clarté, les trémeaux ayant trois toises de large, cette pièce contiendroit vingt-huit toises et demie courantes de tablettes.

Si dans la suitte on pouvoit avoir la portion de logement qu'occupe madame la marquise Lambert[1], cela donneroit deux pièces d'augmentation en démolissant deux petits murs qui ont esté faits après coup. La première pièce F contiendroit dix-huit toises de tablettes en trois côtez.

La dernière pièce G, qui est petite, serviroit de cabinet pour mettre des médailles, l'escalier qui est au bout subsisteroit pour descendre en bas, où l'on pourroit mettre des relieurs, et pour monter aux logemens qui sont dans les galtas.

L'intention de monsieur l'abbé Bignon est que l'on place des livres dans touttes les pièces au-dessus de son logement, et pour cela il faudroit démolir quatre cloisons du côté de la cour, qui ont etez faittes au sujet de la Banque, afin d'en faire une moyenne gallerie pour y placer des livres, qui contiendroit dix-huit toises et demie courante de tablettes.

Comme l'intention de monsieur l'abbé Bignon est que l'on communique de la gallerie H dans le bâtiment adossé contre l'hôtel de Mazarin, qui a treize pieds de large sur environ vingt-deux toises de long, et qu'il faut passer par un escalier qui monte de fond, l'on peut placer cet escalier dans la portion de la pièce marquée L, en sorte que l'on communiqueroit à la gallerie H et à celle marquée M, en démolissant les murs et cloisons qui ont esté faits au sujet de la Banque. Seulement, dans la partie du grand étage en haut, touttes les parties au-dessous pouroient rester, en sorte qu'il pouroit y avoir vingt-deux toises de tablettes de livres, cette gallerie pouroit communiquer au bâtiment neuf, où il y a sept pièces de plein pieds, en plaçant l'escalier sur la petite cour de derrière. Les sept pièces marquées N, O, P, Q, R, S, T, contiendroient soixante-dix toises courantes de tablettes.

Les trois pièces marquées I, K, L, contiendroient vingt-six toises et demie courantes de tablettes.

Touttes ces pièces font ensembles deux cent trente-une toises courantes de livres, en sorte que cinq rangs d'in-folio feroient onze cent quinze toises, d'in-quarto treize cent trente-six toises, d'in-octavo et d'in-douze huit cent quatre-vingt-quatorze.

Comme il faut placer les globes[2], ma première idée étoit de les pla-

---

1. Cf. plus haut § 297.
2. Cf. plus haut § 180.

cer au derrière du bâtiment neuf tenant au mur qui sépare les places de madame La Vergne, dont la dépense auroit été environ à vingt-cinq mille livres ; mais cette pensée ne convient pas. C'est pourquoy j'ay fait une aile de bâtiment entre le viel bâtiment sur la rue de Richelieu et le bâtiment neuf, qui contient quinze toises de long sur six de large ; à la vérité, les globes y seront mieux placés, mais la dépense ira à cinquante-trois milles livres en sorte que ces globes seroient placés en bas, on monteroit sept ou huit marches du rez-de-chaussée et on verroit les globes du premier étage par des balcons qui régneroient autour et qui feroient la communication du viel bâtiment au neuf, cela ne dispenseroit pas de placer vingt toises courantes de livres entre les trémeaux, et dans les quatre angles, mais on ne peut faire cette communication qu'après avoir le logement de madame la marquise Lambert.

En attendant, on peut commencer à faire les tablettes dans les pièces A, B, C, D, E :

La pièce A, la dépense sera de	7,500 liv.
La pièce B	7,500
La pièce C	7,500
La pièce D	10,100
La gallerie E	22,225
	54,825 liv.

Dans le corps de logis double en retour :

La petitte gallerie, marquée H, la dépense ira à . .	13,800 liv.
Les pièces au derrière, marquées I, K, L, à	17,300
L'escalier Z à changer et à replacer dans l'endroit où estoit la bûvette dans le temps du visa	2,100
	33,200 liv.

Au petit bâtiment M, adossé contre l'hôtel de la Compagnie des Indes pour faire la communication au bâtiment neuf pour y placer des livres, la dépense . . . . 10,800 liv.

Le bâtiment neuf, la première pièce N	8,000
La pièce O	7,500
Celle marquée P	12,450
Celle marquée Q	12,300
Celle marquée R	12,300
La pièce marquée S	7,500
La pièce T	8,000
	78,850 liv.

Au rez-de-chaussée du bâtiment neuf :
La première pièce, n° 1, qui servira de vestibule et d'escalier, la dépense . . . . 2,500 liv.

La pièce n° 2	2,100
La pièce n° 3	4,000
La pièce n° 4	4,600
La pièce n° 5	4,000
La pièce n° 6	2,740
La pièce n° 7	3,000

Et les ravallemens à faire au mur de face, perron, avec le jardin à rétablir, y compris le bassin et le rétablissement de la grille, à 2,180
                                                                25,120 liv.

Et pour le bâtiment à faire pour placer les globes entre le bâtiment viel et le neuf, reviendra à . . . . 53,000 liv.

Toutte cette dépense montera, sçavoir :
La première partie, A, B, C, D, E, montera ensemble à. 54,825 liv.
La seconde partie, marquée H, I, K, L, Z, montera à. 33,200
La troisième partie, marquée M, N, O, P, Q, R, S, T. 78,850
Touttes ces parties contiendront tous les livres de la Bibliotèque et ceux qu'on y pourra y augmenter.
La quatrième partie, qui est le rez-de-chaussée du bâtiment neuf, nos 1, 2, 3, 4, 5, 6, 7, la dépense montera à. 25,120
Touttes ces quatres parties reviendront ensemble à . 191,995 liv.
Et pour le projet du bâtiment des globes 53,000
                                     Total général : 244,995 liv.

J'ay vû et examiné tous les plans et projets cy-dessus dressés avec grand soin par Monsr de Cotte, sur les mémoires que je luy avois remis après avoir fait les calculs de la quantité et hauteur de différents volumes de la Bibliothèque du Roy.

Fait à Paris, le 7 septembre 1727.
                                  Signé : L'abbé BIGNON.

Le projet me paroit le plus beau du monde et le plus sage, et la Bibliothèque du Roy est un objet si considérable et méritte tant d'attention que je croy qu'il n'y a point d'ouvrage plus pressé, d'autant que le plus difficile est fait par l'achapt de sa maison, qui est des plus vaste de tout Paris.

Fait à Paris, le 8e de septembre 1727.
                                    Signé : Le duc d'ANTIN [1].

---

1. Bibl. nat., ms. français 7801, fol. 244-248.

INDEX ALPHABÉTIQUE.

Aimon (Vol de J.), 139.
Alary (Abbé). Notice du recueil de Morel de Thoisy, 108.
Albani (Cardinal). Don des Œuvres du pape Clément XI, 274.
Alegrette (Marquis d'). Don de livres portugais, 273.
Allemagne (Livres imprimés envoyés d'), 110, 124, 125, 178, 199, 252. — Voy. Doulseker et Strasbourg.
Ambre (Mme d'). Vente des mss. de de Mesmes, 189.
Amsterdam (Magistrat d'). Don de la Bible impr. en langue malaye, 333.
Angleterre (Livres imprimés envoyés d'), 121, 126, 200, 221, 225, 322. — Voy. Sloane (Hans).
Anisson, directeur de l'Imprimerie royale. Don de deux ex. des Fables de Phèdre, in-16, 155.
Antiques. Voy. Médailles (Cabinet des).
Armain, interprète à Alexandrie. Vente de mss. arabes, turcs et persans, 72; — Interprète en langue turque et persane à la Bibliothèque, 315.
Ascari (Joseph), interprète en langue arabe et syriaque à la Bibliothèque, 255.
Athlone (Jacques-Terry), roi d'armes d'Angleterre. Livres imprimés acquis à sa vente, 193.
Aubenton (d'). Voy. Daubenton.
Aubriet (Vélins peints par), 48, 138.
Aymon (Vol de J.), 139.

Bâle (Copies des mss. du Concile de), 6, 16. — Livres imprimés envoyés de Bâle, 196.
Baluze (Manuscrits, chartes et portefeuilles de), 1.
Barout, interprète de la Bibliothèque. Remise de son Dictionnaire français et turc, 25, 84. — Livres mss. et imprimés acquis après son départ pour Constantinople, 222.
Barras de la Pène. Don d'un imprimé, 59.

Bas-Breton. Voy. Breton.
Beaurain. Vente de Cartes géographiques, 261.
Beringhen (Acquisition des Estampes de M. de), 211.
Bessel (Gotfried), abbé de Goetweih. Don du *Chronicon Gottwicense*, 291.
Bible de Charles le Chauve (Feuillets de la), volés par Aymon, 139.
Bible imprimée en langue malaye, 333.
Bible imprimée en langue romance ou grisonne, 239.
Bibliothèque du roi (Travaux des bâtiments de la), 63, 180, cf. p. 81; — Premier ordonnancement pour les constructions, 86; — Construction du salon des Globes, 180; — Affectation pour la Bibliothèque de l'Hôtel de Nevers, 3; — Réunion des appartements de la marquise de Lambert, 297; — Chapelle de la Bibliothèque, 51, 204; — Mobilier de la Bibliothèque, 197, 213, 311; — Eclairage de la Bibliothèque, 146; — Fournitures de bureau, 143; — Rentes de la Bibliothèque, provenant de ventes, 2; — Visites à la Bibliothèque du cardinal de Fleury, 63, — du duc d'Orléans, 253; — Transport des livres de la Bibliothèque dans la galerie d'en haut de l'Hôtel de la Compagnie des Indes, 96, — dans les deux galeries et le salon, 159; — Livres mss. et imprimés à l'usage du roi, transportés de Versailles et du Louvre à Paris, 5, 116, 117.
— Inventaire de la Bibliothèque en 1719-1720, 153; — Ordre de M. de Maurepas pour l'impression des Catalogues de la Bibliothèque, 339; — Catalogue des médailles jusqu'en 1734, 304; — Inventaire du Département des Estampes, sous l'abbé de Chancey, 237; — Catalogues du Recueil de Morel

de Thoisy, par l'abbé Alary, 108, — des livres de Musique, par Guymont, 284, — des Traductions des Enfants de langues, par Pétis de La Croix, 320.
— *Bibliothèque particulière du roi* à Paris et à Versailles (Inventaire des livres de la), 2, 186, 190; — Transport des livres de la bibl. part. du roi du Louvre et de Versailles à la Bibl. royale, 5, 116, 117; — Doubles, 272; — Reliures, 133; — Travaux, 260.
Voy. Armain, Ascari, Barout, Bignon (Abbé), Boivin (J.), Boze (Gros de), Buvat, Chancey (Abbé de), Clément, Dacier, Delagny, Fourmont, Hardion, Jourdain (Abbé), Ladvenant, Le Hay, Otter, Perrot (Abbé), Pétis de La Croix, Sallier (Abbé), Sevin (Abbé), Sohier, Targny (Abbé de).
Voy. aussi : Cartes, Estampes, Imprimés, Manuscrits, Médailles, Maroquins et Reliures.
BIGNON (Livres imprimés donnés par l'abbé J.-P.), 4, 8, 15, 17, 18, 20, 21, 22, 23, 27, 31, 35, 41, 43, 46, 47, 49, 52, 53, 56, 57, 66, 77, 80, 83, 87, 91, 94, 118, 120, 147, 151, 191, 200, 235, 238, 271, 285, 291; — Planche gravée du portrait de Jérôme II Bignon, 33.
BLONDEL. Livres et papiers saisis, 104.
BARILLOT. Voy. Fabri.
BOERHAAVE. Don de sa *Chimie*, 226.
BOIVIN (Jean). Sa mort, 44; — Don par sa veuve de ses *Mémoires pour servir à l'histoire de la Bibliothèque*, 82.
BONNAC (Marquis DE), ambassadeur à Constantinople. Dons de mss. et d'un imprimé, 4, 24, 45, 239, 329.
BOUQUET (Dom M.). Ventes de livres imprimés, 131, 169, 198, 223, 250, 276, 279, 288, 299, 341.
BOUTARD (Médailles d'or découvertes à Troyes par Martin), 37; cf. p. 80.
BOVIER (J.), imprimeur et libraire à Londres. Don d'un livre imprimé, 18.
BOZE (Gros DE). Don de planches gravées, 34; — Echange de pièces mss. contre des livres doubles, 95.
Breton (Envoi de livres en bas-) par le P. Grégoire de Rostrenen, 172; — Copie ms. du Dictionnaire bas-breton du même, 173.
BROSSARD (S. DE), chanoine de Meaux. Don de ses livres de musique, 29.
BURETTE. Echange de livres imprimés avec des doubles, 105.

BUVAT (Journal ms. donné par), 11; — Journal de ses copies à la Bibliothèque, 129.

Cabinet du roi. Voy. Bibliothèque du roi. — Impressions du Cabinet du roi, 58.
CANGÉ (Acquisition et transport des livres du cabinet de M. DE), 282; — Doubles vendus au s^r Gandouin, 290, 296.
Cartes géographiques, 78, 93 bis, 234, 260, 261. — Voy. Beaurain, De l'Isle, Estampes, Globes, Valincourt (de).
CATELAN (Jean DE), évêque de Valence. Don de ses *Antiquités de l'église de Valence*, 19.
CHABONS (DE). Vente du bouclier votif d'argent trouvé au Passage en Dauphiné, 275.
Chambre syndicale de la Librairie (Livres imprimés envoyés de la), 147, 148, 335.
CHAMMORET (DE), chargé d'affaires à Londres. Envoi de livres imprimés, 121, 126, 200, 221, 225.
CHANCEY (Abbé DE), nommé garde des Estampes, en place du feu s^r Ladvenant, 154; — Dépenses de son Département, 183; — Achète les Heures de Henri II, 256; — est mis à la Bastille, 330.
CHAVAGNAC. Envoi des deux derniers vol. de l'*Histoire des guerres des Portugais au Congo*, 241.
Childéric (Tombeau de), 1.
Chinois (Caractères), gravés pour Fourmont l'aîné, 7. — Livres chinois. Voy. Fourmont et Manuscrits.
Chrétiens de Saint-Thomas dans l'Inde (Livre des), 179, 219.
CHRYSANTHE, patriarche de Jérusalem, donne une Liturgie de saint Basile, ms. grec, 4.
CLAIRAMBAULT (Planches gravées procurées par), 2.
CLÉMENT (Portraits recueillis par), 1.
COLBERT (Manuscrits de) transportés à la Bibliothèque du roi, 249. — Voy. Seignelay.
COLLOMBAT. Impressions faites par Louis XV, 58; — Impressions pour les finances, 74.
Compagnie des Indes (Livres chinois envoyés par les directeurs de la), 2; — Remis à Fourmont, 60, 61; — Mss. et imprimés tamouls, etc., 145.
Compagnie des Indes de Hollande (Bible malaye, imprimée par les soins de la), 333.

Conciles. Voy. Bâle et Jérusalem.
COULON, ébéniste, fait des fauteuils de canne et écritoires d'ébène, 197, — des échelles, etc., pour la Bibliothèque, 311.
CRONSTEDT (J.). Don de la *Suecia antiqua et hodierna*, 280.
CROUSAZ (J.-B. DE). Don de livres imprimés, 31.

DACIER (Livres légués par), 2; — Doubles, 272.
Danemark (Envoi par le comte de Plélo de livres de), 246, 289, 307; — Règlement avec la veuve de Plélo, 343.
D'AUBENTON. Envoi de Madrid de livres imprimés, 100.
DELAGNY, commis à la recherche des livres de mathématiques, 302.
DE L'ISLE, premier géographe du roi (Veuve du s^r). Don des cartes topographiques de l'Irlande, 78.
DE L'ISLE, astronome. Envoi de livres imprimés de Saint-Pétersbourg, 184.
D'OBY. Traduction des *Tusculanes* de Cicéron, 151.
DOULSEKER, libraire de Strasbourg. Envois de livres d'Allemagne, 110, 124, 125, 178, 199, 252. — Voy. Strasbourg.
DROUIN (Acquisition des mss. de feu l'abbé), 294; — Ms. des Conclusions de Sorbonne remis à la Bibliothèque de Sorbonne, 305.
DU MOUTIER. Vente d'un recueil de déclarations, arrêts, etc., 123.

Enfants de langues, 25, 202, 320.
ERICEIRA (Comte D'). Envoi de Lisbonne de livres imprimés, 97; — Copie de son ms. de l'*Histoire des guerres des Portugais au Congo*, etc., 166 et 241.
Espagne (Livres imprimés envoyés d'), 100.
Estampes (Inventaire du Département des) sous l'abbé de Chancey, 237; — Acquisitions d'Estampes de Beringhen, 211, — Clément, 1, — Marolles (abbé de), 1, — Van der Meulen, 10; — Dons d'Estampes et planches gravées par l'abbé Bignon, 33, — de Boze, 34; — Estampes remises à M. d'Hermand, 215; — Recueil d'Estampes parmi les doubles de la Bibliothèque, 245; — Planches gravées acquises par le s^r Le Hay, 1, 2; — Planches gravées acquises des héritiers de Vander Meulen, 10; — Vélins peints par Aubriet, 48, 138. — Vente d'*Estampes* dépareillées, 2. — Voy. *Cartes géographiques*, et Reliures. — Voy. aussi Beringhen, Bignon (Abbé), Boze (Gros de), Clairambault, Clément, Foucault, Metezeau.
Estampes du Roi (Impression de cinquante Recueils des), 32, 38; — Payement de leur reliure au s^r Mercier, 102; — Dons du Recueil des *Estampes du Roi* : au cardinal de Fleury, 55, — à M. de Valincourt, 62, — au Chapitre de Lille, 64, — à M. d'Armenonville, 70, — à M. Pelletier des Forts, 89, — à M. d'Aguesseau, 101, — au Départ. des Estampes, 102, — à la Bibliothèque particulière du roi à Versailles, 107, — au duc d'Antin, 111, — à M. d'Hermand, pour la Bibliothèque militaire du roi, 112, — à M. Joly de Fleury, 137, — à la duchesse de Cadaval, 144, — à M. de Fourqueux, 156, cf. 171, — à la bibliothèque de Sorbonne, 161, — à M. Chauvelin, 174 et 308, — à M. de Chabannes, 175, — à M. le cardinal Maffei, 205, — à M. Gilbert de Voisins, 233, — à la bibliothèque du Collège Mazarin, 233, — au maréchal d'Harcourt, 248. — à M. de Laubrières, évêque de Soissons, 258, — à M. le comte de Bellisle, 268, — au s^r Porlier, 269, — à M. Hans Sloane, 308, — à M. le Garde des sceaux (Chauvelin), 308, — à M. le marquis de Caumont, 321, — à M. le duc de Chaulnes, 325.
Estampilles des livres de la Bibliothèque gravées par le s^r Grandjean, 92; — Estampille pour les livres doubles, 292.
Evreux (Ms. grec des Evangiles provenant de Saint-Taurin d'), 4. — Voy. aussi Lescalier.

FABRI et BARILLOT, libraires de Genève. Don de volumes imprimés, 191.
FÉNELON (Marquis DE), ambassadeur en Hollande. Envoi d'ex. de la *Chimie* de Boerhaave, don de l'auteur, 226, — de la *Bible* imprimée en langue malaye, 333.
Finances (Impressions faites par Collombat pour les), 74.
FLAMSTEAD (Veuve). Don d'un livre imprimé, 47.
FLEURY (Visite à la Bibliothèque par le cardinal DE), 63.
FONTENELLE. Dons de livres imprimés, 226, 228.

FOUCAULT (Planche gravée du portrait de Nicolas-Joseph), 34.
FOURMONT aîné. Caractères chinois, 7; — Grammaire chinoise, 140; — Livres chinois à lui remis, 2, 60, 61, 150; — Livres de l'Inde à lui remis, 145, 207, 220.
FOURMONT (Départ pour Constantinople des abbés) et Sevin, 103. — Voy. Sevin.
FOURQUEUX (DE). Don d'un Cartulaire de Philippe-Auguste, 171.
FREIND (J.). Don d'un livre imprimé, 20.
FRITSCH, libraire à Leipzig. Don de livres imprimés, 340.

GANDOUIN (Vente des livres doubles de la Bibliothèque au s^r), 272, 290, 296.
GARELLI, bibliothécaire de l'empereur. Don d'un livre imprimé, 152.
GAUTHERON, secrétaire de la Société royale de Montpellier. Envoi de Thèses de médecine de la Faculté de médecine de Montpellier, 158.
GEOFROY, médecin (Livres imprimés acquis à la vente de M.), 208.
Géographie. Voy. *Cartes géographiques.*
Globes (Construction du salon des), 180; cf. p. 83. — Deux globes, donnés par le s^r Pigeon, 234.
GODONESCHE. *Médailles du Roi Louis XV*, privilège supprimé, et un ex. remis à la Bibliothèque, 88.
GOSSE et NEAULME, libraires de Hollande. Don des Œuvres de M. de Fontenelle, 228.
GRANDJEAN, graveur des Estampilles des livres de la Bibliothèque, 92.
GRÉGOIRE DE ROSTRENEN (Le P.). Envoi de livres en bas-breton, 172; — Copie ms. de son Dictionnaire bas-breton, 257.
GUÉRIN, antiquaire du roi à Smyrne. Envois de manuscrits grecs, 177, — de médailles et inscriptions grecques, 134.
GUYMONT. Catalogues des livres de musique, 284.

HARDION, garde des livres à la suite de la Cour et de la Bibliothèque particulière du roi, 67, 133.
HENRI II (Acquisition des *Heures* mss. de), 256.
HERMAND (Estampes remises à M. D'), 215.
HÉROUVAL (Cartulaire de Philippe-Auguste, provenant de Vyon D'), 171.
HEUQUEVILLE, relieur. Echange de livres imprimés avec des doubles, 168; — Reliures pour la Bibliothèque (1730-1733), 188, 262, 293.
Hollande (Acquisitions de livres imprimés en), 216, 300; — Gazettes de Hollande, 128.
HUET, évêque d'Avranches (Don par l'abbé d'Olivet d'un ms. de), 210.

Ibis (Momie d'), envoyée de Salonique, 42.
Impressions par Collombat du Cabinet du roi au Louvre et à Versailles, 58; — Impressions des Finances, par le même, 74.
Imprimés (Acquisitions de livres) : en Allemagne, *passim*, — en Angleterre, *passim*, — de J.-T. Athlone, 193, — de Bâle, 196, — de Dom Bouquet, *passim*, — bretons, 172, — de Burette, 105, — de Cangé, 282, — d'un *Catholicon*, 306, — de Danemark, 246, 289, 307, 343, — de Du Moutier, 123, — d'Espagne, 100, — de Geofroy, médecin, 208, — de Heuqueville, 168, — de Hollande, 128, 216, 300, — d'Italie, 163, 201, 230, 244, 281, 283, — de La Chapelle, 135, — du président Lambert, 170, — du P. Le Brun, de l'Oratoire, 81, — de Le Couteux, 136, — de l'abbé de Louvois, 1, — du comte Marsigli, 85, — de Montalant, 324, — de Morel de Thoisy, 79, — de Musier, 76, 231, — de Portugal, 97, 166, 273, — de Remontrances du Parlement, 136, — de Russie, 184, — du marquis de Seignelay, 113, — d'un *Speculum*, 270, — de Strasbourg, *passim*, — de Thèses, 135, 158, 252, 313, — de Vaillant, de Londres, 322, — de Dom Vaissette, 317; — Acquisitions diverses, 65, 130, 141, 142, 192, 195, 224, 227, 240, 243, 254, 263, 270, 287, 300, 303, 306, 319, 322, 324, 334; — Acquisitions faites par l'abbé Sallier, 113, 122, 132, 160, 170, 181, 187, 193, 203, 212, 217, 229, 242, 251, 259, 267, 286, 292, (et par Lancelot) 301, 310, 314, 318, 327, 331, 338, 342.
— Dons de livres imprimés, par : Albani (Cardinal), 274, — Alegrette (Marquis d'), 273, — Amsterdam (Magistrat d'), 333, — Anisson, 155, — Anonyme 28, — Barras de la Pène, 59, — Bessel (Gotfried), 291, — Bignon (Abbé J.-P.), *passim*, — Boerhaave, 226, — Bonnac (Marquis de), 239, — Bowier (J.), 18, — Brossard (S. de), 29, —

Catelan (Jean de), 19, — Collombat, 58, — Compagnie des Indes de Hollande, 333, — Cronstedt (J.), 280, — Crousaz (J.-B. de), 31, — Dacier, 2, — De l'Isle (Veuve), 78, — De l'Isle, l'astronome, 184, — Ericeira (Comtes d'), 97, — Fabri et Barillot, 191, — Flamstead (Veuve), 47, — Freind (J.), 20, — Fritsch, 340, — Garelli, 152, — Godonesche, 88, — Gosse et Neaulme. 228, — Le Courrayer (Le P.), 53, — Maittaire (Michel), *passim*, — Marsigli (L.-F., comte de), 35, 118, — Maurepas (Comte de), 54, 74, — Monath (P.-C.), 4, — Montolieu (De), 75, — Montpellier (Faculté de médecine de), 158, — Sallier (Abbé), 50, 71, — Sloane (Hans), *passim*, — Spon, 98, — Volkamer, 4, — Wachter (J.-G.), 83, — Woodward (Dr), 15.
— Livres imprimés envoyés à la Bibliothèque par ordre de M. de Maurepas, 54; — Livres imprimés par permission tacite, remis à la Bibliothèque, 69; — Livres confisqués ou supprimés envoyés à la Bibliothèque, 88, 98, 104, 148, 335.
— Catalogue des livres doubles de la Bibliothèque, 267; — Mémoire des livres doubles, 272; — Vente des livres doubles de Cangé, 290, 296, — de Dacier, 272, — du Louvre, 272, — de Versailles, 272; — des livres doubles des Médailles, 2; — Vente des livres doubles au sr Gandouin, libraire, 113, 272, 277, 290; — Estampille pour marquer les livres doubles, 292. — Voy. Reliures.
Inde (Livres des Chrétiens de Saint-Thomas dans l') et autres envoyés par les Jésuites de Chandernagor et Pondichéry, 145, 179, 207, 219, 220, 266, 337; — Voy. aussi : Sanscrit, Syriaque.
Interprètes de la Bibliothèque : Armain, 315, — Ascari, 255, — Barout, 25, 84, — Otter, 295, — Petis de la Croix, 320, — Sohier, 13.
Irlande (Cartes topographiques de l'), 78.
Iselin (Dr). Envoi de copies du Concile de Bâle, 16.
Italie (Livres imprimés envoyés d'), 163, 201, 230, 244, 281, 283.

Jérusalem (Copie authentique d'un Concile de), 45.
Jésuites (Mss. envoyés de l'Inde et de la Chine par les), 145, 150, 179, 207, 219, 220, 247, 266, 337.
Joly, frotteur de la Bibliothèque, convaincu de vol et chassé, note à l'art. 289.
Jourdain (Abbé), tient le registre des acquisitions de la Bibliothèque, 1; — Envoyé à Bâle pour la copie des mss. du Concile, 6; cf. 16.

La Bastie (de). Livres imprimés envoyés de Florence, 163, 201, 230, 244, 281, 283.
La Chapelle (de). Vente d'un recueil de Thèses de médecine de la Faculté de Paris, 135.
Ladvenant, garde des Estampes, 133; — Sa mort, 143.
La Mare (Manuscrits de M. de), 1.
Lambert (Acquisition de livres imprimés à la vente du président), 170.
Lambert (Réunion à la Bibliothèque des bâtiments occupés par la marquise de), 297; cf. p. 82.
Lancelot (Don des portefeuilles et mss. de), 278.
Laugier de Tassy. Acquisition de livres imprimés de Hollande, 128, 216.
Le Brun (Le P.), de l'Oratoire. Vente de livres liturgiques manuscrits et imprimés, 81.
Le Courrayer (Le P.). Don d'un livre imprimé, 53.
Le Couteux. Vente d'un recueil de Remontrances du Parlement de Paris, 136.
Le Gac (Le P.), supérieur des Missions des Jésuites de Pondichéry. Envoi de livres tamouls, etc., mss. et impr., 145.
Le Noir, commandant général à Pondichéry. Envoi de livres indiens et persans recueillis par les Jésuites, 179, 219, 266.
Lescalier, chanoine d'Evreux. Vente de chartes, 309.
L'Escalopier, intendant de Champagne. Médailles d'or trouvées à Troyes, cédées par lui, 37; cf. p. 80.
Lieutaud. Vente de la petite médaille d'or du czar Pierre Ier, 109.
Limoges (Manuscrits de Saint-Martial de), 182.
Lorges (Mme de). Vente des manuscrits de de Mesmes, 189.
Louvois (Livres imprimés et manuscrits de l'abbé de), 1.
Louvre (Livres manuscrits et imprimés du cabinet du), 2, 117; — Doubles, 272.

90 LA BIBLIOTHÈQUE DU ROI

Lucas (Mss. orientaux, médailles, etc., remis par Paul), 12.

Mahudel (Acquisition et transport du cabinet d'antiques de M.), 68.

Maisons (Président de). Echange de deux médailles d'or, 39; cf. p. 81.

Maittaire (Michel). Dons de livres imprimés, 8, 27, 52, 336.

Manuscrits (Acquisitions de) de : Armain, 72, — Bâle, 6, 16, — Baluze, 1, — Barout, 222, — Breton, 257, — de Boze, 95, — Cangé, 282, — Chinois, 2, 150, 247, — Colbert, 249, — Drouin, 294, — Guérin, de Smyrne, 177, — Heures de Henri II, 256, — Histoire des Portugais au Congo (copie), 166 et 241, — Indiens, 145, 179, 207, 219, 220, 226, 337, — Jésuites de l'Inde, *ibid.*, — La Mare (de), 1, — Le Brun, de l'Oratoire, 81, — Lescalier, d'Evreux, 309, — Limoges (Saint-Martial de), 182, — Louvois (Abbé de), 1, — Lucas (Paul), 12, — Mesme (Président de), 189, — Missions étrangères, 2, — Morel de Thoisy, 79, — Noel, 176, — Olivet (Abbé d'), 210, — Petitpied (Abbé), 104, — Portugais, 166, 241, — Rousselet (Abbé), 119, — Saint-Martial de Limoges, 182, — Sevin, 164, 185, 202, — Stosch (Baron de), 139, — Villeneufve (Marquis de), 236 ; — Acquisition de manuscrits par l'abbé Sallier, 286. — Mss. volés par Aymon, restitués par lord Oxford et le baron de Stosch, 139.

— Dons de manuscrits, par l'abbé Bignon, 2, 14, 99, 232, — Boivin (Veuve), 82, — Bonnac (Marquis de), 4, 24, 45, 329, — Blondel, 104, — Brossard (S. de), 29, — Buvat, 11, 129, — Chrysanthe, patriarche de Jérusalem, 4, — Fourqueux (De), 171, — Harley (Lord), 139, — Middleton (Comte de), 139, — Morville (Comte de), 139, — Rouillé du Coudray, 171, — Sallier (Abbé), 157.

— Manuscrits *arabes* et *arméniens*, 328; cf. Mss. *orientaux*. — Mss. ou livres *chinois*; voy. Bignon (Abbé), Fourmont aîné, Missions étrangères, Prémare (le P. de). — Mss. *Danois;* voy. Plélo (Comte de). — Mss. *français*; voy. Bignon (Abbé), Boze (Gros de), Moreau de Mautour, Sallier (Abbé). — Mss. *grecs;* voy. Bignon (Abbé), Bonnac (Marquis de), Chrysanthe, Evreux, Guérin, Jérusalem, Sevin (Abbé); cf. aussi 328. — Mss. *latins;* voy. Bâle (Concile de), et *passim*. — Mss. *orientaux;* voy. Armain, Bonnac (Marquis de), Chinois, Inde, Le Noir, Lucas, Sevin (Abbé); cf. aussi 30, 145, 207, 219, 320. — Mss. *portugais;* voy. Ericeira (Comte d'). — Ms. *russe*, 13. — Mss. *sanscrits*, etc.; voy. Inde, Jésuites, Le Noir. — Mss. *syriaques*, 219. — Voy. Reliures.

Marolles (Estampes du cabinet de l'abbé de), 1.

Maroquins envoyés par Péleran, consul à Alep, 114, 165, 173, 316, 323, 326, 344. — Voy. Reliures.

Marsigli (Louis-Ferdinand, comte de). Dons de livres imprimés, 35, 85, 118.

Maurepas (Comte de), ministre. Ordre d'imprimer les Catalogues de la Bibliothèque, 339; — Livres imprimés envoyés à la Bibliothèque, 54.

Médailles (Catalogue des) ajoutées au Cabinet du roi jusqu'en 1734, 304; — Médailles, etc., non inventoriées, 1; — Vente de médailles modernes, 2, — de livres doubles des médailles, 2; — Acquisitions de médailles et antiques de : Guérin, de Smyrne, 134, — L'Escalopier, 37, — Lieutaud, 109, — Lucas (Paul), 12, — Mahudel, 68, — Président de Maisons, 38, — Palaprat, 214, — Rothelin (Abbé de), 38, — Trouvaille de Troyes, 37; — Don de médailles par l'abbé Bignon, 106. — Médaille d'or de Commode, 36 ; — Médaille grecque de Titiana, femme de Pertinax, 115; — Tombeau de Childéric, 1; — Bouclier votif d'argent vendu par M. de Chabons, 275 ; — Mercure de bronze prov. de Verceil, acquis de la veuve de M. Palaprat, 214; — Patere Caali, bronze antique trouvé à Pondichéry, 298; — Momie d'Ibis, envoyée de Salonique, 42.

Mehemet-Effendi (Relation en français et en turc de l'ambassade de), 24, 26.

Mercier, relieur de la Bibliothèque, 102, 162, 188, 262, 265, 293.

Mesmes (Acquisition des manuscrits de de), 189.

Metezeau (Planche gravée du portrait de Jean), 34.

Middleton (Comte de), remet les feuillets des Epîtres de saint Paul volés par Aymon, 139.

Missions-Étrangères (Livres chinois acquis de MM. des), 2.
Momie d'Ibis, envoyée de Salonique, 42.
MONATH (Pierre-Conrad), libraire de Nurenberg. Don de livres imprimés, 4.
MONTALANT. Vente de livres imprimés, 324.
MONTOLIEU (DE), capitaine de galères. Don du *Missale Massiliense* (1530), 75.
MOREAU DE MAUTOUR. Don d'un manuscrit de blason, 93.
MOREL DE THOISY. Acquisition de son recueil de pièces imprimées et manuscrites, 79; — Notice par l'abbé Alary, 108.
MORVILLE (Comte DE). Relation de l'ambassade de Mehemet-Effendi, trad. en franc., tirée de son bureau, 26.
MUSIER, libraire à Paris. Échange de livres doubles de la Bibliothèque, 76, 231.
Musique (Catalogues par M. Guymont des livres de), 284.

NEAULME, libraire de la Haye. Don de livres imprimés, 332. — Voy. Gosse.
NOEL. Vente d'un recueil de lettres originales de ministres de Charles IX et Henri III, 176.
Numéros carrés gravés pour numéroter les livres de la Bibliothèque particulière du roi, 133.

OBY (D'). Voy. D'OBY.
OLIVET (Don d'un ms. de Huet, par l'abbé D'), 210.
ORLÉANS (Visite de la Bibliothèque par le duc D'), 253. — Voy. Rothelin.
OTTER (Jean), Suédois, part à Constantinople et en Arménie, 295.

PALAPRAT (Acquisition d'un Mercure, provenant de Verceil, de la veuve de M.), 214.
PELERAN (Maroquins envoyés d'Alep par M.), 114, 165, 173, 316, 323, 327, 344.
PERROT (Abbé), garde des livres à l'usage du roi, 116, 117.
PÉTIS DE LA CROIX. Catalogue des Traductions des Enfants de langues, 320.
PETITPIED (Abbé). Livres et papiers saisis, 104.
Pierre Ier (Grande médaille d'or du czar), donnée par l'abbé Bignon, 106; — Petite médaille d'or du même, acquise, 109.
PIGEON. Don de deux globes à l'abbé de Chancey, 234.
PLÉLO (Comte DE), ambassadeur en Danemark. Envois de livres impr. et mss. de Copenhague, 246, 289, 307; — Règlement avec sa veuve, 343.
Portugais (Histoire des conquestes et des guerres des) aux royaumes de Congo, etc., copiée dans la bibliothèque des comtes d'Ericeira, 166, 241.
Portugal (Livres imprimés envoyés de), 97, 166, 241, 273.
PRÉMARE (Papiers et livres chinois envoyés de Chine à Fourmont aîné par le P. DE), 150, 247.

RAGUET (Cassette venue de la Chine à l'adresse de l'abbé), 149, 150.
Reliures, 133, 143, 206, 218, 262, 265, 293; — Fers à dorer, 194; — Reliures d'orfèvrerie, 1. — Voyez: Heuqueville, Maroquins, Mercier.
ROCHEFORT, graveur du roi de Portugal. Livres imprimés envoyés de Lisbonne, 166, 241, 273; — Copie de l'*Histoire des conquêtes des Portugais*, 166, 241.
Romanche (Bible en langue), 239.
ROSTRENEN (Le P. Grégoire DE). Envoi de livres en bas-breton, 172; — Copie de son Dictionnaire bas-breton, 257.
ROTHELIN (Abbé DE). Echange d'une médaille d'or, 39; cf. p. 81.
ROUILLÉ DU COUDRAY. Legs d'un Cartulaire de Philippe-Auguste, 171.
ROUSSELET (Manuscrits vendus par l'abbé), 119.
Roussy, graveur des sceaux de France. Fers à dorer les livres reliés, 194.
Russie (Livres imprimés envoyés de), 184; — Grammaire ms. russe, remise par Sohier, 13.

Saint-Martial de Limoges (Manuscrits de), 181.
SALLIER (Abbé), garde des Imprimés, 44; — Don de livres imprimés, 50, 71; — d'un ms., 157; — Acquisition de livres imprimés. Voy. *Imprimés*.
SEIGNELAY (Livres acquis à la vente de M. DE), 113; — Mss. de Colbert cédés par le même, 249.
SEVIN et FOURMONT (Abbés). Départ pour Constantinople, 103; — Mss. envoyés par l'abbé Sevin, 164, 185, 202; — Son retour à Paris, 209;

— Mss. envoyés après son retour, 236.
Siam (Lettre du roi de), à Louis XIV, 1.
SLOANE (Hans). Dons de livres imprimés, 4, 21, 23, 27, 46, 77, 91, 120, 200, 225, 238, 271, 312.
SOHIER, interprète de la Bibliothèque. Grammaire ms. russe remise par lui, 13.
Sorbonne (Ms. des Conclusions de Sorbonne remis à la Bibliothèque de), 305.
SPON, secrétaire du préteur royal de Strasbourg. Livre supprimé, 98.
STOSCH (Baron DE), cède les feuillets de la Bible de Charles le Chauve volés par Aymon, 139.
Strasbourg (Livres imprimés reçus de), 9, 40, 90, 98, 124, 125, 178, 199, 252, 313.
SUTIE, Anglais (Ms. grec acheté par le s^r), 4.

TARGNY (Abbé DE), garde des manuscrits, 44.
Troyes (Acquisition de médailles d'or trouvées à), 37, 39; cf. p. 80.
TURGOT (Ms. des conclusions de Sorbonne provenant de la bibliothèque de M.), 305.

VAILLANT, libraire à Londres. Vente de livres imprimés, 322.
VAISSETTE (Dom). Vente de livres imprimés, 317.
VALINCOURT (DE). Don des cartes topographiques de l'Irlande, 78.
VANDER MEULEN. Planches gravées acquises de ses héritiers, 10.
Vélins peints par Aubriet, 48, 138.
Versailles (Bibliothèque particulière du roi à), 2, 5, 116, 117, 133, 186, 190, 260, 272.
VILLENEUFVE (Marquis DE), ambassadeur à Constantinople. Envoi de Grammaires françaises et turques pour les Enfants de langues, 202;
— Mss. envoyés après le départ de Sevin, 236.
VOLKAMER, médecin de Nurenberg. Don de livres imprimés, 4.
VYON D'HÉROUVAL (Cartulaire de Philippe-Auguste, provenant de), 171.

WACHTER (Jo.-Georg). Don d'un livre imprimé, 83.
WOODWARD (D^r), médecin de Londres. Dons de livres imprimés, 15, 77.

Nogent-le-Rotrou, imprimerie DAUPELEY-GOUVERNEUR.

Les tirages à part de la *Société de l'Histoire de Paris et de l'Ile-de-France* ne peuvent être mis en vente.

www.ingramcontent.com/pod-product-compliance
Lightning Source LLC
LaVergne TN
LVHW050625090426
835512LV00007B/671